Eine unbeugsame Frau

DAS BUCH

Die vielfach ausgezeichnete Psychoanalytikerin und Feministin Margarete Mitscherlich ist eine Querdenkerin, eine unbeugsame Frau, die Konflikte und Anfeindungen nie gescheut hat. Zu verstehen und die Wahrheit zu erkennen ist das Leitmotiv, das ihr aufregendes, wechselvolles Leben durchzieht. In diesem sehr persönlichen Buch berichtet sie von ihrer Jugend im Dritten Reich, der großen, Konventionen sprengenden Liebe zu dem damals noch verheirateten Alexander Mitscherlich, den schweren Jahren als alleinerziehende Mutter, in denen sie allen Widrigkeiten zum Trotz ihren Weg geht und Psychoanalytikerin wird. Sie spricht über ihren Kampf gegen das Vergessen der Nazivergangenheit, ihr Engagement für Gleichberechtigung und das Älterwerden. Margarete Mitscherlichs Erfahrungen und Einsichten geben Antworten auf Fragen, die uns alle bewegen: Was ist das Geheimnis guter Beziehungen? Wie schafft man es, Familie und Beruf zu vereinbaren und Kinder zu aufrechten Menschen zu erziehen? Und welche Bedeutung haben Werte heute?

DIE AUTORINNEN

Margarete Mitscherlich, Dr. med., 1917 geboren, in Dänemark aufgewachsen, studierte in München und Heidelberg Medizin und heiratete 1955 den Psychoanalytiker Alexander Mitscherlich. Sie ließ sich zur Psychoanalytikerin ausbilden, arbeitete u. a. im von ihr 1960 mitbegründeten Frankfurter Sigmund-Freud-Institut und war lange Zeit Lehranalytikerin und Ausbildungsleiterin in der Deutschen Psychoanalytischen Vereinigung. Margarete Mitscherlich praktiziert noch immer als Psychoanalytikerin und lebt in Frankfurt am Main.

Kathrin Tsainis, geboren 1967 in Nürnberg, studierte Psychologie und besuchte die Hamburger Journalisten-Schule. Sie arbeitete u. a. für BRIGITTE und *Max*, war Chefredakteurin von BRIGITTE *Young Miss* und ist seit 2006 Autorin bei BRIGITTE.

Monika Held, geboren 1943 in Hamburg, war über zehn Jahre Autorin bei BRIGITTE und wurde für ihre Reportagen mehrfach ausgezeichnet. Sie unterrichtet an der Evangelischen Medienakademie, lebt und arbeitet als Buchautorin und Journalistin in Frankfurt am Main.

Eine unbeugsame Frau
Margarete Mitscherlich

im Gespräch mit Kathrin Tsainis und Monika Held

Brigitte Buch
im
Diana Verlag

FSC

Mix

Produktgruppe aus vorbildlich
bewirtschafteten Wäldern und
anderen kontrollierten Herkünften

Zert.-Nr. SGS-COC-1940
www.fsc.org
© 1996 Forest Stewardship Council

Verlagsgruppe Random House
FSC-DEU-0100
Das für dieses Buch verwendete FSC-zertifizierte
Papier *Munken Print White* liefert
Arctic Paper Munkedals AB, Schweden.

BRIGITTE-Buch im Diana Verlag
Taschenbucherstausgabe 07/2008
Copyright © 2007 und © dieser Ausgabe 2008 by Diana Verlag,
München, in der Verlagsgruppe Random House GmbH
Redaktion | Eva Spensberger
Herstellung | Helga Schörnig
Umschlaggestaltung | Eisele Grafik-Design, München,
unter Verwendung der Fotos von © Gaby Gerster
Satz | C. Schaber Datentechnik, Wels
Druck und Bindung | GGP Media GmbH, Pößneck
Printed in Germany 2008

ISBN: 978-3-453-35239-1

http://www.diana-verlag.de

Inhalt

Auf der Suche nach Wahrheit

Margarete Mitscherlich trägt viele Ehrentitel: Sie gilt als die »First Lady der deutschen Psychoanalyse«, als »Legende« und »Symbolfigur des Feminismus«. Zahlreiche Auszeichnungen hat man ihr verliehen, nicht zuletzt das Bundesverdienstkreuz, aber wenn man sie fragt, ob sie stolz auf diese Karriere sei, winkt sie nur ab und sagt: »Ich hatte eigentlich keinen besonderen beruflichen Erfolg!«

Nein, auf einen Sockel lässt sie sich ungern heben. Vergöttert zu werden liegt ihr so wenig wie andere anzuhimmeln – schon allein, weil sich das so schlecht mit ihrem Hang zur ironischen Selbstbetrachtung und dem ausgeprägten Widerwillen gegenüber Idealisierungen vertragen würde. Lieber bleibt sie auf Augenhöhe, und ohnehin war es nie der Wunsch nach Ruhm oder einflussreichen Positionen, der sie angetrieben hat. Margarete Mitscherlich weiß, dass all das viel zu oft mit Selbstverleugnung, Anpassung und Opportunismus bezahlt werden muss. Und dafür hat sie sich schon immer viel zu gern »mit Schwung zwischen die Stühle gesetzt«, wie Alice Schwarzer einmal über ihre langjährige Freundin sagte.

Margarete Mitscherlich ist ein Freigeist, eine Querdenkerin, die Konflikte nie gescheut hat. Sie will nicht gefallen, sondern den Dingen auf den Grund gehen. Zu verstehen, die Wahrheit zu erkennen, weder zu glorifizieren noch zu verdammen: Das ist Leitmotiv und großer Ansporn dieser Frau, die ohne Zweifel zu den bedeutendsten Persönlichkeiten der deutschen Nachkriegsgeschichte gehört.

Gemeinsam mit ihrem Mann, dem Arzt, Psychoanalytiker und Publizisten Alexander Mitscherlich, gelang es ihr, die unter den Nationalsozialisten verfemte und verfolgte Psychoanalyse wieder in Deutschland zu etablieren und die ursprünglich therapeutisch ausgerichtete Wissenschaft – durchaus auch gegen Widerstände aus der eigenen Zunft – für gesellschaftliche und politische Themen zu öffnen.

Geprägt von den Schrecken des Dritten Reichs, beschäftigt die Mitscherlichs dabei vor allem die Aufarbeitung der Nazivergangenheit. Dem Verdrängen, Leugnen und Herausreden, mit dem man sich in Deutschland nach 1945 so gut eingerichtet hat, setzen sie die Freud'sche Regel »Erinnern, Wiederholen, Durcharbeiten« entgegen und veröffentlichen 1967 ihr weltberühmtes Buch *Die Unfähigkeit zu trauern*, für das sie gehasst und bewundert werden. Ohne wirkliche Trauer auf Basis eines Schuldeingeständnisses sei weder eine Veränderung noch ein wirklicher Neuanfang möglich, lautet die zentrale These, mit der das Ehepaar auch zu den Vordenkern der Achtundsechziger-Bewegung wird, die gegen das Vergessenwollen und Schweigen der Elterngeneration aufbegehrt.

Aber Margarete Mitscherlich ist nicht »nur« die Hälfte eines erfolgreichen Gespanns: Über viele Jahre hinweg leitet sie die psychoanalytische Ausbildung in der Bundesrepublik und profiliert sich durch diese Arbeit auch international. Sie forscht, lehrt und praktiziert im renommierten Frankfurter Sigmund-Freud-Institut, an dessen Gründung 1960 sie maßgeblich beteiligt war, und obwohl sie sich bis heute als Freudianerin bezeichnet, setzt sie sich kritisch mit dessen Lehren auseinander und entwickelt ihre eigenen Theorien.

Die Beschäftigung mit weiblicher Psyche und Sexualität führt sie in den Siebzigerjahren schließlich in die Frauenbewegung. Margarete Mitscherlich wird zur engagierten Kämpferin für die Gleichberechtigung, setzt sich gegen den Abtreibungsparagrafen 218 ein und verklagt zusammen mit Alice Schwarzer und anderen prominenten Frauen die Zeitschrift *Stern* wegen eines sexistischen Titelbilds.

Wieder schwimmt sie gegen den Strom: Während unter Feministinnen die Psychoanalyse als »phalluszentriert« gilt und nicht wenige Psychoanalytiker den Feminismus für eine »Irrlehre« halten, vertritt Margarete Mitscherlich die Ansicht, dass beide Theorien sehr gut zusammenpassen. Sie sieht Freud gar als Wegbereiter der Frauenbewegung: »Seine Arbeit erst hat uns gelehrt, das Unbewusste bewusst zu machen, unsere Vor- und Fehlurteile in Bezug auf das Rollenverständnis zwischen Mann und Frau überhaupt wahrzunehmen.«

Die populäre Meinung, dass Männer die Alleinschuld an Benachteiligung und Herabwürdigung trügen und Frauen per se die besseren Menschen seien, lehnt sie allerdings vehement ab: »Wir Frauen sollten uns davor hüten, uns Illusionen über uns selbst hinzugeben«, schreibt sie 1977 in der ersten Ausgabe der Zeitschrift *Emma*. »Denn es geht für uns zwar auch, aber nicht nur um die Befreiung von gesellschaftlichen Zwängen.«

Immer wieder spricht sie von den »masochistischen weiblichen Gelüsten, ohne die es die jahrhundertelange Unterdrückung nicht gegeben hätte«, und sie betont, dass sich Frauen nicht zuletzt gegen sich selbst durchsetzen müssten: gegen ihre verinnerlichten Vorstellungen davon, wie sie zu sein und sich zu verhalten haben, ihre Ängste und Schuldgefühle.

Die Überzeugung, dass ohne Selbsterkenntnis, Selbstkritik und Selbstverantwortung keine Veränderung zum Besseren hin möglich sei, untermauert Margarete Mitscherlich in so bekannten und viel diskutierten Büchern wie *Die friedfertige Frau* (1985) oder *Über die Mühsal der Emanzipation* (1990), deren Beobachtungen und Analysen bis heute nichts an Aktualität eingebüßt haben.

Margarete Mitscherlichs Standpunkt ist unter Feministinnen durchaus umstritten, und auch im Kollegenkreis begegnet man ihrem Engagement mit Argwohn und zuweilen sogar offener Ablehnung. Davon schrecken lässt sie sich nicht: »Wer seiner Angst vor der Position des Außenseiters erliegt, gerät in Gefahr, zum Mitläufer zu werden«, schreibt sie 1987 in ihrem Buch *Erinnerungsarbeit. Zur Psychoanalyse der Unfähigkeit zu trauern*, und ein Mitläufer wollte sie niemals sein.

So sieht sie denn auch die Beschäftigung mit Emanzipation rückblickend als ihr Lebenswerk an, und sie versteht unter dem Begriff mehr als die Gleichberechtigung von Mann und Frau. Emanzipation, das bedeutet für sie die Befreiung von Zwängen, Ideologien und Vorurteilen jedweder Couleur, und aus Margarete Mitscherlichs Sicht ist das die Grundlage für ein menschliches Miteinander jenseits rassistisch, sexistisch, kulturell oder religiös motivierter Diskriminierung.

Der Weg zum Glück

Ihren unbedingten Willen zur intellektuellen wie emotionalen Unabhängigkeit und ihre Fähigkeit, sich in andere einzufühlen, sich mit unterschiedlichen Weltanschauungen auseinanderzusetzen, ohne die eigene Identität zu verlieren, führt Margarete Mitscherlich selbst – wie könnte es bei einer Psychoanalytikerin anders sein – auf ihre Kindheit zurück. 1917 kommt sie als Tochter eines Arztes und einer Lehrerin im deutsch-dänischen Grenzland zur Welt und wächst zwischen zwei Kulturen auf: Da ist der Vater, ein national gesinnter Däne, und die Mutter, eine patriotische Deutsche und in ihrer Jugend eine glühende Bismarck-Verehrerin. Keine einfache Konstellation – war es doch Bismarcks »Schuld«, dass die Dänen Schleswig-Holstein einst abgeben mussten.

Aber weil die Eltern davon überzeugt sind, dass man sich das selbstständige Denken nicht verbieten lassen darf, überlassen sie den Kindern auch die Entscheidung, zu welcher nationalen Gruppe sie gehören wollen. Während sich ihr älterer Bruder Leo stärker mit dem Vater identifiziert, orientiert sich Margarete an ihrer Mutter, die sie »die erste Liebe meines Lebens« nennt.

Margarete ist ein Wildfang. Aus den klassischen Mädchendisziplinen wie Handarbeiten, Haushaltsführung oder Klavierspielen macht sie sich nichts, und man zwingt sie auch nicht dazu. Es ist ein freies Leben, das sie führen darf: Stundenlang streunt sie mit ihren Freundinnen durch die Wälder und klettert auf Bäume, um sich dann wieder zum Lesen in einen stillen Winkel zurückzuziehen. Erst mit acht Jahren wird sie eingeschult, davor unterrichtet ihre Mutter sie zu Hause.

Grete Nielsen, hochgebildet und Anhängerin der bürgerlichen Frauenbewegung, ist es auch, die ihre Tochter bestärkt, Abitur zu machen und zu studieren. Selbstständig soll Margarete werden, und das in einer Zeit, wo Ehe und Familie als die wichtigsten Ziele im Leben einer Frau gelten. So zieht die gerade mal Vierzehnjährige nach Flensburg, um das Oberlyzeum zu besuchen, und auf einmal muss sie, weit weg vom behütenden, liberalen Elternhaus, auf eigenen Füßen stehen.

Dort ist sie eine Außenseiterin: die Dänin in einem Deutschland, in dem der Nationalsozialismus zu erwachen beginnt. Trotz der patriotischen Gefühle, die sie, wie sie sagt, »quasi mit der Muttermilch eingesogen hat«, lässt sie sich von der braunen Ideologie nicht verführen. Aus anfänglichem Widerwillen gegen Gruppenzwang und Führerkult wird schnell Ekel und Entsetzen angesichts der Gräueltaten und Menschenverachtung des Naziregimes. Sie, die es von klein auf gewohnt ist, ihre Meinung zu sagen, macht daraus auch keinen Hehl und wird angezeigt: das erste Mal kurz vor dem Abitur 1937, später dann in den Vierzigerjahren während ihres Medizinstudiums in Heidelberg, wo sie und ihre gleich gesinnten Freunde von der Gestapo wochenlang beobachtet und schließlich verhört werden und nur knapp der Verhaftung entgehen.

Das Kriegsende erlebt die junge Ärztin zu Hause in Dänemark, wo sie sich bis 1947 aufhält. Sie ist auf der Suche, fragt sich, was sie mit ihrer Zukunft anfangen soll, und zieht schließlich in die Schweiz, um sich an der Klinik Arlesheim, Teil des Anthroposophischen Weltzentrums in Dornach bei Basel, medizinisch weiterzubilden. In Ascona, der Arlesheimer Dependance, trifft sie noch im gleichen Jahr Alexander Mitscherlich, den sie flüchtig aus Heidelberg kennt. Die Zufallsbegegnung mit dem neun Jahre älteren Mann verändert ihr Leben: Alexander Mitscherlich ist es, der sie mit der Psychoanalyse vertraut macht, die sie bis heute ihren »Weg zum Glück« nennt, weil Glück für sie nun mal bedeutet, etwas von sich und anderen zu verstehen und die Realität zu erkennen.

Sie verlieben sich ineinander, und was als Affäre beginnt, wird zu einer fünfunddreißig Jahre währenden Liebes- und Arbeitsbeziehung. Doch noch ist Alexander Mitscherlich verheiratet – in zweiter Ehe bereits. Eine Scheidung kommt für den Vater von fünf Kindern nicht infrage, und sie verlangt es nicht von ihm. Selbst dann nicht, als sie 1948 schwanger wird. Ein Skandal! Doch Margarete Nielsen schert sich nicht um die verlogene bürgerliche Moral, die Männern ihren unehelichen Nachwuchs verzeiht, ledige Mütter dagegen als »gefallene Frauen« verdammt.

Gemeinsam mit einer Freundin sorgt sie für Sohn Matthias, bis sie den Zweijährigen schließlich schweren Herzens in die Obhut ihrer Mutter nach Dänemark gibt. Sie will beruflich auf eigenen Füßen stehen, strebt die Facharztausbildung an und geht 1954 als eine der Ersten aus der deutschen Szene zur Lehranalyse nach London, wo sie Anna Freud, Melanie Klein und Michael Balint, die großen Psychoanalytiker dieser Zeit, kennenlernt.

Erst 1955 heiratet sie Alexander Mitscherlich. Endlich können sie dem gemeinsamen Kind ein Zuhause bieten, und für Margarete Mitscherlich beginnt die glücklichste Zeit ihres Lebens, auch wenn es nicht immer einfach ist, Ehe, Beruf und Familie gleichermaßen gerecht zu werden. Aber sie geht unbeirrbar ihren Weg: als Frau und Mutter, als Wissenschaftlerin und Therapeutin, als Autorin, Feministin und Gesellschaftskritikerin.

Als ihr Mann 1982 nach langer, schwerer Krankheit stirbt, widersetzt sie sich mit der ihr eigenen Unbeugsamkeit den Versuchen so mancher Kollegen, sie aufs Abstellgleis zu schieben, und noch heute denkt sie trotz ihrer beinahe neunzig Jahre nicht im Traum daran, sich zur Ruhe zu setzen. Im Sigmund-Freud-Institut behandelt sie nach wie vor Patienten, sie hält Vorträge und schreibt Aufsätze. Ihre Meinung ist gefragt, und sie nimmt sich die Freiheit, sie zu äußern – sofern sie ein Thema interessiert, wie etwa jüngst die Debatte um die SS-Vergangenheit des Literaturnobelpreisträgers Günter Grass. Manchmal lässt sie es auch sein: »Mit Eva Herman über Emanzipation diskutieren? Nein, das sehe ich nun wirklich nicht ein, man muss sich ja nicht mit jedem Blödsinn auseinandersetzen!«

Sie tut, was ihr Spaß macht, und dazu gehört nicht zuletzt das geliebte Lesen. Vor allem Bücher über Geschichte, weil sie immer noch dazulernen will und sich über jeden neuen Gedanken freut, den sie sich erobern kann.

Begegnungen mit einer unbeugsamen Frau

In diesem Buch wollen wir den Lebensweg von Margarete Mitscherlich nachzeichnen, mit ihr über die Liebe, das Muttersein, ihre Karriere als Psychoanalytikerin, den Kampf um Gleichberechtigung und das Älterwerden sprechen. Es sind die großen Kapitel ihrer Geschichte. Jedes einzelne ist untrennbar mit den anderen verbunden, und obwohl sich die Erfahrungen und Einsichten, von denen sie berichten, durch ihre Einzigartigkeit auszeichnen, so geben sie doch gleichzeitig auch Antworten auf Fragen, die uns alle bewegen.

Wie wurden wir, was wir sind? Gibt es den idealen Partner, und was ist das Geheimnis guter Beziehungen? Wie schafft man es, Familie und Beruf zu vereinbaren und Kinder zu aufrechten Menschen zu erziehen? Wie können die Völker dieser Erde trotz all ihrer Unterschiedlichkeit in Frieden miteinander leben? Ist der Wunsch nach Emanzipation vielleicht doch ein Irrtum? Und warum fällt es uns so schwer, uns von traditionellen Rollenbildern zu lösen?

Wir treffen Margarete Mitscherlich im Juni 2006 in Frankfurt am Main. Fünf Tage lang fahren wir jeden Morgen um zehn mit dem Aufzug hinauf in die oberste Etage eines gepflegten Neubaus im Westend, das mit seinem Mix aus liebevoll restauriertem Jugendstil und moderner Architektur als eines der schönsten Quartiere der Stadt gilt. Hier kann man in schicken Modeboutiquen stöbern und im Laden um die Ecke Biogemüse kaufen, im berühmten Café Laumer, einst Treffpunkt der Frankfurter Intellektuellenszene, fabelhafte Kuchen und Torten essen oder sich in einem der vielen französischen und italienischen Restaurants verabreden. Die ruhigen Straßen sind gesäumt von Schatten spendenden Lindenbäumen, und in den Vorgärten blühen Heckenrosen und üppige Rhododendren.

Seit mehr als dreißig Jahren lebt sie nun schon hier. Die Synagoge, rund um die Uhr von der Polizei bewacht, liegt nur wenige Schritte entfernt, genau wie das Sigmund-Freud-Institut und die Universität. Sie erwartet uns jedes Mal an der Tür. Da steht sie dann, klein und zierlich, begrüßt uns mit ihrem warmen Lächeln und einem fröhlichen »Hallo«, bevor sie uns in das lichtdurchflutete Wohnzimmer führt, von wo aus man durch bodentiefe Fenster hinüber zu den Türmen des Bankenviertels sehen kann.

In einer Vitrine sind steinerne Figürchen aufgereiht, die sie von ihren Reisen nach Südamerika mitgebracht hat, auf dem Fenstersims stehen Fotos der heiß geliebten Enkelkinder, eine Le-Corbusier-Liege und ein Eames-Lounge-Chair verraten ihre Vorliebe fürs Bauhaus-Design, und, egal wohin man schaut, man blickt auf Bücher, Bücher, Bücher: in den Regalen an der Wand hinter der braunen Sofagarnitur, auf Couch-, Schreib- und Beistelltisch, der Kommode und dem kleinen Sideboard neben der Balkontür. Wir entdecken das *Wörterbuch der Antike* neben dem Roman *Und da kam Frau Kugelmann* von Minka Pradelski, Jürgen Habermas' *Der gespaltene Westen* zwischen *Zurück zu Freuds Texten* von Ilse Grubrich-Simitis und Herfried Münklers *Imperien. Die Logik der Weltherrschaft – Vom Alten Rom bis zu den Vereinigten Staaten.*

»Nach Erfahrungen muss man gefragt werden«, hat Margarete Mitscherlich einmal in einem *Brigitte*-Interview gesagt, »und wenn sich jemand für Geschichte und Geschichten interessiert, erzähle ich gern.« Das tut sie dann auch in den Tagen unseres Zusammenseins: klug, analytisch und spontan, humorvoll, selbstkritisch, nie verlegen um eindeutige Worte und ohne Angst, sich zu offenbaren.

»Es muss schon genau sein, Margarete!«, ermahnt sie sich, wenn ihr eine Formulierung nicht treffend oder ein Gedankengang noch nicht schlüssig genug erscheint. Sie zitiert Goethe ebenso selbstverständlich wie die Bibel, und immer wieder steht sie auf, sucht nach einem Buch, das sie beeindruckt hat, oder einem Text, den sie uns mitgeben will.

Überhaupt scheint ihr das Alter kaum etwas anhaben zu können – wenn sie auch manchmal ihr schlechtes Namensgedächtnis und ihre Beine verflucht, die nicht mehr so wollen, wie sie es möchte. Verflucht, nicht beklagt! Jammernde Gestalten verabscheut sie nun mal von Herzen. Schön ist sie mit ihrem ausdrucksvollen Gesicht, dem mädchenhaft hellen Lachen und diesem wachen, klaren Blick, der einen genau so festhält, dass es sich gut anfühlt, ungebrochen ihre Leidenschaft, mit der sie sich ebenso zu begeistern wie aufzuregen vermag.

Wir sitzen da, bei Wasser und Espresso – »leider nur aus der Tüte …«, entschuldigt sie sich lachend –, die Tonbänder laufen, und die Stunden verfliegen, während Margarete Mitscherlich uns mitnimmt auf die Reise durch ihr langes, aufregendes und reiches Leben.

1. KAPITEL

Über die Liebe und die Kunst, ein Paar zu sein

»Ich halte es für unmöglich, dass die Liebe sich damit begnügt, ständig auf der Stelle zu treten.«

TERESA VON ÁVILA

Frau Mitscherlich, Sie haben mal gesagt: »Ich wundere mich eher über glückliche Ehen als über unglückliche.« Woher kommt dieser Pessimismus?

Mit Pessimismus hat das nichts zu tun. Die Kompliziertheit des menschlichen Lebens, vor allem des seelischen Lebens, ist so groß, dass es uns alle verblüffen muss. Wir kommen doch aus völlig unterschiedlichen Familien und haben ganz unterschiedliche Beziehungsmodi verinnerlicht. Wie man zum Beispiel miteinander spricht, inwieweit man in der Lage ist, den anderen zu verstehen und sich selbst verständlich zu machen, die Art, wie man ganz spezifische Missverständnisse pflegt, die Vorstellungen von Liebe und Lieben, welche Aversionen, Sehnsüchte oder Erwartungen jemand in Bezug auf Beziehungen hat: All das bildet sich in jeder Familie in Nuancen anders aus. Und wenn zwei Menschen, die sich ja nun erst mal gar nicht kennen, es trotzdem schaffen, eine gute Form der Verständigung und des Miteinanderumgehens zu finden, finde ich das wirklich erstaunlich. Das ist eine ungeheure Arbeitsleistung.

Gehört aus Ihrer Sicht auch die Bereitschaft zum Aushalten dazu?

Sicher, immer wieder – in langen Beziehungen genauso wie in weniger langen. Keiner von uns ist schließlich als Engel vom Himmel gefallen, und man muss schon auch lernen, sich gegenseitig ein Stück weit zu ertragen.

Heute wird etwa jede dritte Ehe geschieden. Das sieht doch ganz so aus, als ob wir das Aushalten und Ertragen sehr verlernt hätten.

Wenn man von dem einen Drittel spricht, vergisst man immer, dass die anderen zwei Drittel offensichtlich zusammenbleiben. Aber gut, viele schaffen es nicht, und wir leben natürlich auch in einer Zeit, in der eine Scheidung sehr leicht geworden ist, und je einfacher etwas wird, desto eher macht man es. Unser Verhalten wird ja immer auch von äußeren Zwängen bestimmt, das darf man nicht vergessen. Doch will man wirklich die Zeit zurückdrehen, Scheidungen verbieten, die Schuldfrage wieder einführen, diesen ganzen verlogenen, restriktiven Kram? Sicher nicht. Gleichzeitig möchte man die Menschen allerdings schon dazu ermutigen, nicht gleich bei der ersten schwierigen Periode auseinanderzurennen und sich jemand anders zu suchen.

Etwas Humor könnte manchmal auch schon helfen.

Humor ist auf jeden Fall eine Möglichkeit, sich selbst und den anderen distanziert zu sehen. Miteinander über die gegenseitigen Schwächen zu lachen oder auch über sich selbst: Das ist sicher eines der Zaubermittel, mit dem wir einander ein grundlegendes Liebes- und Zusammengehörigkeitsgefühl erhalten können.

Sie haben das alles in Ihrer Beziehung offensichtlich ganz gut hinbekommen. Immerhin sind Sie und Alexander Mitscherlich fünfunddreißig Jahre lang zusammengeblieben.

Sicher auch durch lange, oft unbewusste Arbeitsprozesse, und je länger wir uns kannten, desto mehr wussten wir natürlich, wer der andere ist und welche Schwächen er hat. Aber ich

Margarete und Alexander Mitscherlich in Sankt Gallen, 1973

finde es etwas schwierig, uns als Vorbild hinzustellen. Immerhin war es schon seine dritte Ehe, und sich noch ein drittes Mal scheiden lassen? Ich weiß nicht. Aber es hätte auch keinen Grund dazu gegeben. Wir kamen gut miteinander aus, hatten die gleichen Interessen, ein schönes gemeinsames Leben, unseren Sohn, unsere Arbeit – mag mir mein Mann auch den ein oder anderen Seitensprung verschwiegen haben, was ich nicht einmal glaube.

Wie haben Sie sich kennengelernt?
Wir kannten uns schon sehr oberflächlich aus Heidelberg, wo ich in den Vierzigerjahren studiert habe. Er arbeitete an der Klinik, und Jutta, meine beste Freundin, war Assistenzärztin bei ihm, aber er wollte damals nicht so viel mit uns zu tun haben.

Warum nicht?
Wir gehörten zu einer Clique, die gegen die Nazis war. Untereinander fühlten wir uns sicher und redeten auch sehr offen, außerdem hörten wir immer BBC. Ein Kommilitone hat uns dann wegen Wehrmachtszersetzung und Abhören von Feindsendern angezeigt, wie das damals hieß. Er hat uns aus lauter Eifersucht verraten! Nur weil einer aus unserer Clique etwas mit seiner Freundin angefangen hatte. Die Gestapo kam dann in die Pension, in der meine Freunde und ich lebten. Zum Glück hat sich die Wirtin fantastisch anständig verhalten: Obwohl ihr Mann bei der SA war, sagte sie uns sofort, dass man unsere Zimmer durchsuchen will. Sie hat sich für uns in Lebensgefahr begeben, und das hat uns gerettet. Wir haben noch in der Nacht alles verschwinden lassen – Briefe, Gedichte, alles, was uns hätte belasten können. Wir mussten trotzdem

zum Verhör, und ich hatte entsetzliche Angst, dass sie uns doch noch drankriegen. Ich wusste, dass sie uns umbringen können. Die ganze Sache zog sich über einige Wochen hin und verlief dann, Gott sei Dank, im Sande. Aber Alexander Mitscherlich, der davon gehört hatte, fand uns enorm leichtsinnig und wollte verständlicherweise damit nicht in Verbindung gebracht werden. Er war selbst gefährdet: Die Gestapo hatte ihn Ende der Dreißigerjahre schon mal verhaftet, und er saß für einige Monate im Gefängnis.

Und was passierte dann?
Nach dem Staatsexamen 1944 ging ich weg aus Heidelberg: erst zurück nach Dänemark und von dort 1947 in die Schweiz. Ich arbeitete als Ärztin in Ascona und war eines Tages bei einer Freundin, einer russischen Emigrantin, zum Abendessen eingeladen, und da saß eben dieser Mann, der mir sehr bekannt vorkam. »Haben Sie einen Bruder in Heidelberg?«, fragte ich, und er sagte: »Ich bin aus Heidelberg.« – »Ach, dann kennen Sie bestimmt meine Freundin Jutta«, und tatsächlich erinnerte er sich auch an sie. Später wollte ich noch ins Mario-

Margarete Mitscherlich, 1946

31

nettentheater – das war berühmt damals –, und er schloss sich einfach an. Das war der Anfang. Zum ersten Mal in meinem Leben bin ich ganz bewusst leichtsinnig gewesen, und ich dachte mir: »Den wirst du jetzt einfach mal anlächeln, wie man Männer anlächelt, die einem gefallen.«

War er ein schöner Mann?
Für mein Gefühl war er eine Art Gott: groß, schlank, so sauber und appetitlich, ein intellektueller Typ und ein sehr angenehmer Mensch. Er gefiel mir wirklich ausgesprochen gut.

Schliefen Sie schon am selben Abend miteinander?
Wir hatten nicht ganz die Gelegenheit dazu. Vielleicht am nächsten oder übernächsten. Auf jeden Fall ging es schnell. Bis dahin war ich immer eher zurückhaltend gewesen, aber in dieser Situation riskierte ich etwas, was ich früher nie gewagt hätte: mit einem Mann ins Bett zu gehen, den ich äußerst attraktiv fand. Obwohl völlig klar war, dass es, wenn überhaupt, nur eine sehr vorübergehende Beziehung sein würde und ich ihn nie würde heiraten können. Und trotzdem erlaubte ich mir, physisch verliebt zu sein und diesem Gefühl auch nachzugeben, einen One-Night-Stand zu haben, wie man heute dazu sagt. Endlich einmal! Mit dreißig Jahren! Und das war schön, sehr schön. Später habe ich wirklich oft gedacht: »Gott sei Dank, dass du mit ihm ins Marionettentheater bist!« Sonst wären wir auseinandergegangen und hätten uns nie wieder gesehen.

Wussten Sie, dass er verheiratet ist?
Natürlich wusste ich das. Ich wusste es schon in Heidelberg, aber der Gedanke »Oh, den darfst du dir nicht anlachen«, der

kam mir überhaupt nicht. Wissen Sie, da hatte man endlich, endlich die Nazis und den Krieg hinter sich, dieses permanente Zittern und Entsetzen. Man kommt ins Tessin, in diese südliche Pracht, wo man sich doch immer gleich irgendwie freier fühlt, wo es warm und einfach nur wunderschön ist, und dort treffen Sie völlig zufällig jemanden aus der alten Heidelberger Zeit. Damals, 1947, als die Deutschen noch gar nicht reisen durften. Da war es völlig wurscht, ob einer irgendwo mit irgendwem verheiratet ist.

Aber bei einem flüchtigen Abenteuer ist es nicht geblieben.
Alexander arbeitete zu dieser Zeit an einer Klinik in Zürich und besuchte mich wieder. Es ging einfach weiter, und damit hat keiner von uns gerechnet. Keiner von uns beiden hat doch an so etwas wie Dauerhaftigkeit gedacht oder etwas Festes geplant. Es passierte eben, aber so ist das wohl mit der Liebe. Wir verstanden uns sehr gut, verbrachten viel Zeit zusammen, und das war wirklich wunderschön.

War er Ihre große Liebe?
Entschieden! Meine erste große Liebe – mit dreißig Jahren. Natürlich war er nicht mein erster Freund, ich hatte schon während meiner Tanzstundenzeit viele Flirts und kleine Liaisons gehabt. Viele machten mir auch Heiratsanträge. Als Teenager, wenn man es sowieso nicht tun kann, will man offenbar unentwegt zum Traualtar schreiten. Aber man schlief damals nicht so schnell mit Männern, sonst wäre man leicht verwahrlost und anrüchig gewesen. Es gab schon Mädchen, auch bei mir in der Schule, damals in den Dreißigerjahren, die es viel weiter trieben. Wir anderen haben gewaltig geflirtet, geküsst, und es wurde auch ein bisschen gestreichelt. Allerdings

nicht am Busen und natürlich keinerlei Berührungen der Genitalien! Wir blieben sozusagen innerhalb der Grenzen, die für unsere Generation damals Sitte waren. Zu Beginn meiner Studentenzeit hatte ich dann eine ernsthaftere Liebschaft. Allerdings ging auch die nicht so weit, dass ich mich entschließen konnte, mit diesem Mann ins Bett zu gehen. Ich hätte es gern getan, schon weil ich ihn physisch absolut attraktiv fand. Später hat er übrigens Romane geschrieben, und schließlich wurde er von einem Krokodil im Nil gefressen, was meinen Sohn, als ich ihm die Geschichte erzählte, sehr faszinierte. Sex habe ich mir trotz aller Anziehung dennoch verboten. Ich hatte keine Lust, diesen Mann zu heiraten, und ich wusste von zu Hause, dass ich ihn ehelichen muss, wenn ich mit ihm schlafe.

Hätte er Sie denn heiraten wollen?
Von ihm aus gesehen stand das Hochzeitsdatum schon fest, aber ich wollte das nicht. Mit meinem nächsten Freund habe ich dann geschlafen, obwohl ich ihn nicht attraktiv fand und nicht einmal wirklich verliebt in ihn war.

Warum haben Sie sich dann auf diese Beziehung überhaupt eingelassen?
Ich glaubte, bei ihm bleiben zu müssen, um ihn zu beschützen. Er hatte Tuberkulose und war äußerst selbstdestruktiv, er schaffte auch das Medizinstudium nicht und fühlte sich selbst nach dem Krieg noch von den Nazis bedroht. Sieben Jahre habe ich diesem zweifelhaften Menschen aus lauter Pflichtgefühl die Treue gehalten und hatte ein furchtbar schlechtes Gewissen, als ich mich endlich von ihm trennen konnte. Aber ich musste einfach gehen. Ich hielt es nicht mehr aus, da war nur

noch Ekel. Wenn ich damals schon gewusst hätte, wie oft er mich mit anderen Frauen betrogen hat, hätte ich ihn viel eher verlassen. Nur habe ich das erst nach und nach kapiert. Ja, und dann kam Alexander Mitscherlich: der Mann, bei dem sich körperliche Anziehung und das Ausleben dieser Leidenschaft zum ersten Mal vereinte, meine erste große Liebe, obwohl dieser Ausdruck »große Liebe« im Grunde doch idiotisch ist. Wissen Sie, für mich war der Inbegriff der großen Liebe lange das, was meine Mutter mir über ihren Verlobten schilderte, einen Hamburger Juristen, der kurz vor der Eheschließung an galoppierender Schwindsucht starb. Dieser Mann, der Mann ihres Lebens, wurde von ihr absolut idealisiert: Sein Bild stand auf ihrem Schreibtisch, und selbst ihr Enkel, mein Sohn, erinnert sich noch, dass sie mit ihm über ihn gesprochen hat. Mir war immer klar, dass sie eigentlich nur den liebt. Ich wusste, mein Vater ist ein netter Mann, zu dem ist sie fair und anständig, aber in Wirklichkeit liebt sie ihn nicht. In mir steckte die Vorstellung, dass bei einer großen Liebe einer sowieso stirbt oder man sich für den anderen opfern muss. Deshalb konnte ich mit meinem ersten Freund, der gesund und schön war und mich heiraten wollte, einfach nicht ins Bett gehen. Mir war unbewusst klar, dass er nicht mit dem leidvollen Liebesleben meiner Mutter übereinstimmte. Der zweite hatte dann glücklicherweise Tuberkulose, den konnte ich nun retten. Diese Beziehung passte in meine Vorstellungen, deshalb kam ich wohl mit ihm zusammen und blieb bei ihm.

Auch für Ihre Mutter?
Ich wollte meine Mutter glücklich machen, ihr einen neuen Mann zuführen, wenn Sie so wollen. Ich glaubte, ihr den verlorenen Verlobten, den ich sicher auch als meinen Phantomvater ansah, ersetzen zu müssen. Natürlich waren mir diese Zusammenhänge nicht bewusst. Erst Jahre später, in meiner Analyse bei Michael Balint, 1954 in London, habe ich verstanden, dass meine merkwürdige Form der Partnerwahl eine Wiederholung dessen war, was mich in der Kindheit beeindruckt hatte, dass diese unbewussten Fantasien mein Verhalten geprägt haben. Die Motive meines Handelns zu erkennen und sie in Worte zu fassen, das war eine Erleuchtung für mich. Ohne den Dialog in meiner Analyse hätte ich das nicht geschafft. Die Psychoanalyse ist ja ein Dialog: Da sitzt jemand, mit dem man reden kann, der auf einen eingeht und dann entsprechende Fragen stellt und Deutungen gibt, die man ablehnen oder annehmen kann, wobei die Ablehnung oft ein Nichtwissenwollen sein mag. Aus diesem Prozess entwickelt sich ganz langsam ein Begreifen, ein Verständnis. Sofern man es wirklich möchte. Man muss auch den Willen haben, etwas zu kapieren.

Das scheint ja keine Seltenheit zu sein, dass man ein Stück weit das Leben seiner Eltern nachlebt.

Jeder tut das! Allerdings auf die denkbar unterschiedlichsten Weisen. An diesem Beispiel können Sie sehr gut sehen, wie ausgesprochene oder auch unausgesprochene Fantasien der Eltern, wie ihre Vorstellungen, Erzählungen und ihr Verhalten ein Kind prägen, und wie diese Prägungen später zu bestimmten Entscheidungen führen.

Dann schleppen wir natürlich unglaublich viel Ballast mit uns herum, für den wir eigentlich gar nichts können.

Aber wenn wir immer und ewig die Schuld auf die Eltern abwälzen, bringt das auch nichts. Deren Leben ist ja wiederum von ihren Eltern beeinflusst. Sie können endlos zurückgehen und stehen dann vor einer endlosen Reihe von Schuldigen, die absolut unnütz ist. Zumal wir aus den Fantasien, die Mutter und Vater in uns hineinsetzen, jeweils etwas völlig anderes machen. Geschwister etwa verdauen diese Dinge auch niemals identisch. Nein, ab einem gewissen Alter ist man für sich selbst verantwortlich. Wir müssen erwachsen werden, und Erwachsenenverhalten bedeutet, nicht zu verdrängen, sondern der Vergangenheit und der Gegenwart ins Auge zu blicken, zu erkennen, warum die Eltern so gehandelt haben, und weshalb man selbst dieses oder jenes tut. Man muss eine Distanz zu sich und anderen finden, um zu einem Verhalten zu kommen, das man selbst als Person für gut und richtig erachtet. Das kriegen Sie nicht hin, wenn Sie nur zu dem Hilfsmittel der Schuldzuweisung an die Eltern oder wen auch immer greifen.

Das heißt, dass man permanent darum ringen muss, die Motive des eigenen Handelns zu verstehen?

Das wird immer als Zwang aufgefasst. Man meint, Schulpflicht und Denken sei ungefähr das Gleiche, also mit Unlust verbunden, aber wenn Sie einmal einen gewissen Zugang zu sich gefunden haben, lässt Sie das gar nicht mehr los. Es macht doch Spaß, Erkenntnisse und Aha-Erlebnisse zu haben. Es bereitet Vergnügen, sich über etwas Gedanken zu machen. Das ist eine lebendige, ungeheuer bereichernde Welt für sich, die man gar nicht mehr missen möchte. Außerdem ist man dem Leben viel weniger hilflos ausgesetzt, wenn man mit sich und seinen Fantasien umzugehen weiß.

Wie lernt man das?

Das ist kein Lernen im Sinne von Vokabellernen, sondern ein Prozess des Erkennens. Sie beginnen, in sich selbst hineinzuschauen, beschäftigen sich mit sich und verstehen nach und nach, was hinter Ihren Entscheidungen steckt: Angst, Neid oder Eifersucht zum Beispiel. Eine Analyse leitet diesen Prozess natürlich an. Ihr Zweck ist es, sich von außen zu sehen, nicht nur ewig in sich selbst drinzustecken und etwas in andere hineinzuprojizieren, sondern die eigenen unbewussten Motive zu erkennen und die der Mitmenschen. Sie lernen, nicht mehr so verlogen oder selbstverborgen durchs Leben zu gehen. Auch lesen kann helfen, darüber sprechen, nachdenken, sich die Frage stellen: Warum tust du das eigentlich, was ist denn los mit dir? Darum muss man sich bemühen, darauf aus sein, sich für das Wissen statt für die Ignoranz entscheiden.

Und am Anfang eines solchen Erkenntnisprozesses stehen oft Kummer und Leid. Wenn es einem gut geht, beschäftigt man sich ja nicht unbedingt damit.

So ist es. Manchmal geht es einem so schlecht, dass man froh ist, wenn man über das Elend mit jemandem reden kann, wenn man es nach und nach versteht und es dadurch auch besser in den Griff bekommt.

Man erspart sich dadurch natürlich auch einiges. Gerade wenn es um Liebe und Beziehungen geht, gibt es schließlich wirklich unheilvolle Muster. Wenn etwa eine Frau zum dritten Mal bei einem Mann landet, der sie schlägt. Das können Außenstehende nicht begreifen und Betroffene noch weniger.

Analytiker würden dahinter natürlich zuerst Schuldgefühle vermuten: Sie will geschlagen werden.

Und gewalttätige Männer finden Frauen, die sich prügeln lassen.

Diesen Sadomasochismus hat Eugène Ionesco sehr gut in einem Theaterstück beschrieben: Der Sadist klagt über den Masochisten und umgekehrt, weil jeder sagt, der andere zwinge ihn zu diesem Verhalten. Bei Mann-Frau-Beziehungen ist das nicht selten der Fall: Sie ziehen einander an und befriedigen gegenseitig ihre unbewussten Bedürfnisse.

Lassen Sie uns auf Ihre Liebesgeschichte zurückkommen. Mussten Sie Ihre Beziehung mit Alexander Mitscherlich verheimlichen?

Er hat ja nie gelogen, war immer ehrlich in den wichtigen Dingen, und das war mir von Anfang an klar. Seine Frau, eine sehr begabte Musikerin, wusste dann auch schnell von uns, da wurde nichts verheimlicht, und ich konnte ihm nach Hause schreiben. Mir gegenüber war er allerdings genauso offen. Er hat immer gesagt, dass er mit seiner Frau – wohlgemerkt schon seine zweite – sehr verbunden sei und eine Trennung nicht infrage käme. Sie hatten drei Kinder zusammen und schon ein gemeinsames Schicksal hinter sich. Irgendwie hat es mir sehr gefallen, dass er nie schlecht über sie oder seine Ehe sprach.

Belastete seine Unerreichbarkeit Sie nicht?
Natürlich, ich bin ein Mensch. Ich hätte ihn bestimmt gewollt, wenn er gekonnt hätte, aber das war eben nicht drin. Das habe ich von Anfang an gewusst, und unter dieser Bedingung habe ich das Verhältnis auch begonnen.

Dachten Sie mal daran, es zu beenden?
Nun, ich probierte schon immer wieder mal, einen anderen Mann zu finden. Es gab auch Interessenten, doch so richtig war keiner dabei.

Sie kamen nicht voneinander los.
Nein. Wir konnten wirklich nicht voneinander lassen.

Haben Sie ihm je gedroht: »Wenn du dich nicht trennst, bin ich weg«?
Das war nicht unsere Art, das hätte weder zu ihm noch zu mir gepasst. Wir sahen beide ein, dass es nicht geht. Außerdem hatten wir durchaus auch unsere antibürgerlichen Affekte. Dieses verlogene Bürgertum mit seiner heuchlerischen Moral, ohne das Hitler gar nicht möglich gewesen wäre, war uns so egal wie nur irgendetwas. Wir hingen einem ganz anderen Lebensstil an und pochten nicht auf diese bürgerliche Ausschließlichkeit von Beziehungen.

Glauben Sie, dass Ultimaten überhaupt sinnvoll sein können?

Ich kann schon nachvollziehen, dass es dazu kommt, nur ob es immer sinnvoll ist, vermag ich so allgemein nicht zu sagen. Jede Beziehung hat doch ihre eigenen Spielformen, ihre ganz spezifische Art, wie diese zwei Leute miteinander umgehen, welche Grenzen sie einander setzen. Grundsätzlich muss jeder für sich wissen, was er aushält und was nicht, und dazu auch stehen. Jeder muss sich selbst und den anderen als Menschen mit seinen ganz eigenen Bedürfnissen anerkennen. Und dann eben auch bereit sein, sich zu trennen, wenn es zu zweit nicht funktioniert.

Wie reagierte Alexander Mitscherlichs Frau auf seine Beziehung mit Ihnen?

Sie hatte nicht so furchtbar viel dagegen und wäre gar nicht auf die Idee gekommen, ihm da etwas zu verbieten, solange er nur bei ihr bleibt. Sie war gewissermaßen die Großzügige, und als Pianistin identifizierte sie sich auch sehr mit dieser antibourgeoisen Haltung. Dem großen Ganzen ihrer Beziehung, seiner Begabung als Schriftsteller und ihrem Künstlertum mussten derart kleinbürgerliche Bedenken jederzeit geopfert werden können.

Doch sie ahnte nicht, dass sich mehr aus der Affäre entwickeln könnte?

Damit hatten wir alle drei nicht gerechnet. Aber manchmal kommt es eben anders, als man denkt.

So wurden Sie 1948 schwanger.

Ja, wir lebten in einer sehr oberflächlichen Beziehung, und ich wollte natürlich auch kein Kind kriegen, obwohl ich Alexander liebte. Aber er war nun mal verheiratet. Wobei ich zugeben muss, dass wir beide in unserem Zusammensein trotzdem doch recht unbedenklich waren.

War die Schwangerschaft ein Schock für Sie?

Ach Gott, das ganze Leben war damals doch ein Schock: Erst kam der Erste Weltkrieg, dann die enormen Unruhen in den Zwanzigerjahren, dann Hitler und die Nazis, der Zweite Weltkrieg mit der totalen Zerstörung, wo man jeden Tag hätte sterben können. Es gab in dem Sinne keine gewöhnlichen Situationen. In Ruhe ein normales Leben führen, das können wir ja erst seit den Fünfzigerjahren. Auch meine private Situation war alles andere als einfach: Ich hatte mich gerade erst aus dieser langen, zähen, verrückten, immer unerträglicher werdenden Beziehung mit meinem Freund gelöst, war in die Schweiz gegangen oder vielmehr vor diesem Mann geflohen, in ein Land, wo ich auch nicht wusste, wie ich mich zurechtfinden sollte. Die Schwangerschaft war sozusagen ein Schock unter vielen. Ich war Schocks gewohnt.

Wie verhielt sich Alexander Mitscherlich, als Sie ihm sagten, dass Sie ein Kind erwarten?

Er konnte sich schon denken, dass so etwas durchaus im Bereich des Möglichen lag. Ich weiß noch genau, dass wir an diesem Tag am Zürichsee waren und ich ihn fragte, was ich tun solle. Dann bin ich ganz weit rausgeschwommen und habe ihn etwas ängstlich zurückgelassen – während ich Wasser schon seit meiner Kindheit geliebt habe, fürchtete er sich davor. Und als ich wieder ans Ufer kam, meinte er, er sei eigentlich dafür, dass unser Kind geboren wird. Wenn er gesagt hätte: »Lass es abtreiben«, hätte ich es getan. Ich kannte eine sehr gute Ärztin in Zürich.

Eine relativ erstaunliche Haltung für einen verheirateten Mann und Vater von drei Kindern.

Fünf, bitte! Er hatte aus der ersten Ehe auch noch zwei. Nein, er wollte das Kind – auch wenn er keine Ahnung hatte, wie es praktisch gehen sollte.

Sie sprachen nicht darüber, ob Sie das Kind nun allein oder mit ihm zusammen großziehen?

Nein. Wir lebten in einer anderen Welt. Wir redeten nicht über die Zukunft, sondern versuchten, die Gegenwart zu meistern.

Sagte er es auch seiner Frau?

Sie wusste Bescheid, ja. Sie wollte das Kind auch zu sich nehmen. Ich glaube, am liebsten hätte sie es sogar gehabt, wenn wir zu dritt zusammengelebt hätten, sie, er und ich, was für mich wiederum unvorstellbar gewesen wäre. Diese ganze Toleranz kann einem irgendwann ja auch wirklich zum Halse heraushängen.

Warum verließen Sie kurz vor der Geburt Ihres Sohnes die Schweiz?

Ich wusste, dass die Schweiz auf Dauer nichts war. Die wollten nur Ausländer mit Geld, und als ledige Dänin mit Kind hätte ich es in diesem bürgerlich-muffigen Umfeld sehr schwer gehabt. Zu dieser Zeit arbeitete ich als Assistenzärztin in einer Privatklinik in Zürich und wohnte in einem Zimmer für die Angestellten in der oberen Etage. Damals hatten wir ja diesen Luxus mit eigener Bude und Auto nicht. Wir waren schon froh über ein Fahrrad und wenn das Bad nicht allzu weit weg war. Dort blieb ich bis etwa zum sechsten Monat. Die Leute in der Klinik waren auch sehr nett zu mir, keine Frage, wir mochten uns, und sie hatten meinen Zustand sicher bemerkt, mich aber nie darauf angesprochen. Lange hatte ich keine Ahnung, in welches Nest ich mein Kind legen sollte.

Welche Alternativen standen zur Auswahl?

Nach Dänemark wollte ich nicht zurück, in Heidelberg waren viele alte Freunde, die mir hätten helfen können, aber da lebte Alexander mit seiner Familie. Er hatte 1949 dort ja die Psychosomatische Abteilung an der Universität gegründet. Das ging also auch nicht. Meine sehr enge Freundin Hedi Erasmy und ich beschlossen dann, gemeinsam nach Konstanz zu ziehen. Hedi hatte bei einem Kunstmaler und Exliebhaber von ihr eine Unterkunft für uns gefunden. Mit seiner Frau und zahlreichen Kindern lebte er in einem Haus am Bodensee. Er brauchte Geld und bot uns an, im oberen Stockwerk zu wohnen. Da gab es nur kaltes Wasser, kein Gas, aber einen schönen Balkon.

Konnten Sie als dänische Staatsbürgerin denn so einfach nach Deutschland ziehen?

Ja, das war möglich, aber um länger bleiben zu können, brauchte ich eine Aufenthaltsgenehmigung, und Carlo Schmid, der schon lange mit Alexander Mitscherlich befreundet war, hat sie mir besorgt.

Der SPD-Politiker Carlo Schmid?

Genau der. Er war ein netter Mensch und ein großer Charmeur. Er flirtete auch ein bisschen mit mir. Da seine Mutter Französin war, beherrschte er natürlich die Sprache sehr gut und konnte mir die Aufenthaltsgenehmigung leicht beschaffen; Konstanz lag damals ja in der französischen Besatzungszone. Vor meiner Abreise hatte ich alles Geld, das ich in der Schweiz verdient und gespart hatte, sehr vorteilhaft in D-Mark umgetauscht. Ich versteckte meine gesamte Barschaft in einem neuen, schicken, ganz weiten Mantel und setzte mich in den Zug. An der Grenze passierte dann, was passieren musste: Die Zöllner begutachteten mich in meinem schönen Mantel von Kopf bis Fuß, guckten in meinen dänischen Pass und schickten mich zur Leibesvisitation. Eine Beamtin fand das Geld sofort, und ich sagte zu ihr: »Schauen Sie, das ist alles, was ich habe. Ich bin schwanger und nicht verheiratet, ich brauche das Geld, weil ich sonst nicht weiß, wie es weitergehen soll.« Sie stopfte es mir tatsächlich in die Taschen zurück und ließ mich gehen. Ich hatte mal wieder Glück mit Frauen, wie so oft in meinem Leben.

Im Januar 1949 wurde dann Ihr Sohn geboren.
Ja, die Frauenärztin, bei der ich kurz vor der Geburt noch gewesen war, hatte den Verdacht geäußert, das Kind sei missgestaltet, habe einen Wasserkopf, aber seltsamerweise konnte ich das überhaupt nicht glauben. Ich ließ es gar nicht an mich heran. Trotz dieser fürchterlichen Diagnose brachte ich meinen Sohn zu Hause zur Welt, nur mit einer Hebamme und Hedi als Hilfe, ohne Narkose, was nicht gerade angenehm war. Und mein Junge hatte keinen Wasserkopf, sondern war ein gesundes, sehr süßes Baby. Alexander kam dann auch schnell zu uns, aber elterliche Verantwortung konnte er natürlich nicht übernehmen. Das machten Hedi und ich.

Aber finanziell unterstützte er Sie doch?
Ich hatte noch mein Geld aus der Schweiz, meine Mutter half mir aus und Alexander auch, wenn es nötig war. Er besuchte

uns selbstverständlich, aber er konnte eben nicht bleiben. Meine Mutter kam dann im Frühjahr für einige Zeit und wohnte in einem Zimmer ganz in der Nähe, das Hedi für sie gefunden hatte. Überhaupt hat sich meine Mutter, wie auch meine ganze Familie, denkbar anständig verhalten, mir nie einen Vorwurf gemacht. Im Gegenteil: Neulich fand ich Briefe von ihr, rührende Zeilen voller Sorge. Sie war nie eine Spießerin.

Ihr Vater war zu diesem Zeitpunkt schon zwölf Jahre tot. Hätte er genauso wie Ihre Mutter reagiert?
Er wäre sicherlich eher entsetzt gewesen, obwohl er es als Arzt gewohnt war, dass rundherum ständig Menschen uneheliche Kinder bekommen.

Wie ging man außerhalb der Familie mit Ihnen als lediger Mutter um?
Damals war man gesellschaftlich erledigt, wenn man als unverheiratete Frau ein Kind hatte, aber in dem Milieu, in dem ich lebte, habe ich nie unmittelbare Diskriminierung erlebt. Und selbst wenn, wäre es mir wahrscheinlich egal gewesen. Diese ganze verlogene Moral war mir ziemlich gleichgültig. Männern hat man ihre illegitimen Kinder doch auch nie krummgenommen. Natürlich, wenn mir jemand übel mitspielen wollte, konnte er das schon gegen mich verwenden. Hedis Mutter zum Beispiel war zutiefst darüber empört, dass sich ihre Tochter mit mir abgab, einer »gefallenen Frau«, wie sie sagte, und obendrein noch meinen Sohn mit mir großzog. Doch Hedi ließ sich davon glücklicherweise nicht beirren.

Margarete Mitscherlich (rechts) und Hedi Erasmy in Locarno, 1948

Dass sich eine Freundin so stark engagiert, ist nicht gerade alltäglich.

Absolut. Ich konnte mich vollkommen auf sie verlassen, und sie stand ganz zu mir und meinem Sohn.

Das klingt nach Liebe.

Vielleicht. Aber keine im körperlichen Sinne, sondern eine rein platonische Liebe. Wir waren einfach sehr verbunden, enge Freundinnen, obwohl wir uns erst 1947 in der Schweiz im Anthroposophischen Weltzentrum kennengelernt hatten. Ich interessierte mich auch für diese Richtung, habe mich aber relativ schnell wieder davon verabschiedet, weil mir das alles ein wenig zu esoterisch war. Doch die Freundschaft mit Hedi blieb bestehen, und als mein Sohn dann zur Welt kam, betrachtete sie uns als ihre Familie. Sie hatte damals keinen Mann, und ich ja eigentlich auch nicht, wir waren auf uns selbst angewiesen. Hedi war wirklich ein ganz besonderer Mensch und überaus klug, ein echtes Wunderkind, das in Stuttgart das beste Abitur seit Urzeiten gemacht hatte und als Medizinerin ein Einser-Examen. Später wurde sie übrigens eine große Anthroposophin und führte lange Jahre eine Praxis in Stuttgart.

Wer hat den Namen Ihres Sohnes, »Matthias«, ausgesucht?
Ich. Mein Großvater väterlicherseits, den ich sehr schätzte, hieß so. Mein Mann wollte unseren Sohn lieber Alexander nennen – wenigstens das, wenn er schon seinen Familiennamen nicht tragen kann, meinte er. Nun gefiel mir »Alexander«, aber gleich zwei davon? Nein, das wollte ich nicht. Am Ende entschied ich mich dann für Alexander-Matthias, Alexander-Matthias Nielsen.

Ist der Mann auf dem Ölbild hinter Ihnen ein Mitscherlich oder ein Nielsen?
Das ist der Urgroßvater meines Mannes, ein Freund Alexander von Humboldts, der später auch der Patenonkel vom Großvater meines Mannes wurde. Der Name »Alexander« geht in der Familie Mitscherlich also auf von Humboldt zurück, und dieser Großvater war übrigens einer der Begründer der modernen Chemie.

Wie ging es beruflich für Sie weiter?
Erst mal schrieb ich meine Doktorarbeit – mit der Hand, weil ich keine Schreibmaschine besaß. Ein Jahr lang habe ich daran gesessen. Es ging um einen Dänen, der den Nobelpreis für

eine physiologisch-chemische Entdeckung bekommen hatte. Ich fasste seine Ergebnisse zusammen und fügte meiner Übersetzung aus dem Dänischen meine etwas dürftigen Meinungen hinzu; danach ließ ich sie abtippen. Es ging ganz gut, selbst mit dem Baby und in diesem kleinen Zimmer, in dem wir zeitweilig zusammen hausten. Hedi arbeitete damals als Bibliothekarin, um Geld zu verdienen. Wir kamen ganz gut zurecht. Aus dieser Zeit habe ich noch einige Bilder, denn wir fotografierten hier und da. Matthias war ja auch wirklich ganz entzückend, jeder war begeistert und ich natürlich am meisten. Im Frühjahr darauf zogen Hedi, mein Sohn und ich schließlich nach Stuttgart, wo ihr Schwager, ein Architekt, uns eine Wohnung vermittelt hatte. Dort richtete sie auch ihre Praxis ein. Überhaupt hätte ich ohne Hedi das alles nicht geschafft, sie hat mir unendlich viel geholfen, und als ich Matthias dann zu meiner Familie gab, litt sie sehr darunter.

Warum haben Sie sich von Ihrem Sohn getrennt?
In Stuttgart habe ich meine Ausbildung als Ärztin fortgesetzt und die als Psychotherapeutin begonnen. Dabei wurde es zunehmend schwieriger, Beruf und Kind so zusammenzubringen, wie ich es gern getan hätte, und ich dachte, dass er es bei meiner Mutter in Dänemark bedeutend besser hätte. Er kannte sie, und sie liebte ihn heiß und innig. Sie hatte ein Haus und einen Garten, es gab andere Kinder und meine Schwägerin, die sich genauso rührend kümmerte und ihn sehr in ihr Herz geschlossen hatte.

Litten Sie darunter, ihn weggeben zu müssen?
Es war das Schlimmste, was ich je erlebt habe. Er war noch so klein, kaum zwei Jahre alt, und als Psychoanalytikerin weiß

ich natürlich, wie hilflos und abhängig ein Kind in diesem Alter ist, was eine solch frühe Trennung von der Mutter bedeutet. Aber ich sah es dennoch als die beste Lösung für meinen Sohn an, weil meine Mutter ja gewissermaßen ein Teil von mir war.

Hatten Sie Schuldgefühle?
Schreckliche Schuldgefühle. Aber das Leiden, ohne mein Kind zu sein, empfand ich als sehr viel schlimmer. Vom Tag seiner Geburt an hing ich mehr und mehr an ihm, und plötzlich war er so weit von mir weg. Das hat sehr, sehr wehgetan.

Wie oft sahen Sie ihn während dieser Trennungszeit?
Wann immer ich mich freimachen konnte, und oft kam auch meine Mutter mit ihm zu mir. Meine Schwägerin sagte einmal, dass ihr Matthias leidgetan hätte, weil er so oft aus seiner gewohnten Umgebung herausgerissen worden sei: aus der Familie in Dänemark, um mich zu besuchen, und aus der Verbindung mit mir, wenn wir uns wieder voneinander verabschieden mussten.

Wie verkraftete es Ihr Sohn?
Er kannte meine Mutter, die mir ja nicht unähnlich war. Zu Anfang schlief er in ihrem Schlafzimmer, und da muss er sie ziemlich tyrannisiert haben. Er weckte sie unentwegt, ließ überhaupt seine ganze Verlassenheitswut an ihr aus, und sie wiederum ließ sich alles gefallen. Das ging so lange, bis meine Schwägerin, die im selben Haus wohnte, eines Nachts den Lärm hörte und realisierte, was sich zwischen den beiden abspielte. Sie legte Matthias dann in ihrer energischen Art zu ihrem Mann und sich ins Zimmer, und da musste er

Margarete Mitscherlich und ihr Sohn Matthias in Heidelberg, 1952

bleiben, ruhig sein und schlafen. Das war vielleicht ganz gut für ihn.

Wusste Matthias, wer sein Vater ist?
Nein, erst als er etwa fünf Jahre alt war und wir bereits beschlossen hatten zu heiraten. Warum hätten wir ihn belasten sollen? Ihm zu sagen: »Dieser Mann da, den du nur selten siehst, ist übrigens dein leiblicher Vater, er ist verheiratet, hat noch andere Kinder, und wir wissen nicht, ob wir wirklich zusammenbleiben«, das fanden wir ziemlich unsinnig.

Wie entwickelte sich die Beziehung mit Alexander Mitscherlich weiter?
Wir sahen uns in Stuttgart, er kam auch mal nach Dänemark, und wir machten mit meiner Mutter und Matthias gemeinsam Ferien. Später, als ich in Heidelberg arbeitete, ging das dort so weiter. Meine Mutter und Alexander haben sich immer sehr gut verstanden, Hedi und der Rest meiner Familie mochten ihn genauso. Überhaupt war unsere Beziehung in meinem familiären Umfeld kein Problem, jeder wusste, dass er Matthias' Vater ist. In seinem Umfeld, vor allem im beruflichen, hielten wir es geheim. Ab etwa 1951 arbeitete ich ja auch in der Psychosomatischen Klinik, die er leitete, anfangs in der Mannheimer Außenstelle. Die Kollegen wussten, dass ich ein Kind habe, das nahm mir auch keiner übel, aber sie wären sicher aus allen Wolken gefallen, wenn herausgekommen wäre, dass der Chef seine Geliebte und Mutter seines unehelichen Sohnes eingestellt hat. Nein, das war nicht möglich. Darüber waren wir uns völlig im Klaren, und erstaunlicherweise ging es sogar gut.

Als vermeintlich ungebundene Frau hatten Sie doch sicher auch den ein oder anderen Verehrer. War es schwierig, sie auf Abstand zu halten?

Ach Gott, ich dachte damals doch auch, dass es gut wäre, wenn ich einen anderen Mann fände. Ich wünschte es mir lange Zeit wirklich sehr. Aber die, die ich kennenlernte, gefielen mir nie gut genug, um meine Beziehung mit Alexander zu beenden. Ab 1952 lebten wir dann auch zusammen. Natürlich inoffiziell, gemeldet war ich unter einer anderen Adresse. Damals gab es noch den Kuppelparagrafen, der es bei Strafe verbot, unverheirateten Paaren eine Wohnung oder auch nur ein Hotelzimmer zu vermieten.

Haben Sie ihm jemals von anderen Bewerbern erzählt?

Natürlich, mit Genuss sogar! Besonders als ich 1954 dieses eine Jahr in London war, um meine analytische Ausbildung fortzusetzen. Durch gemeinsame Freunde lernte ich dort eine Berliner Jüdin kennen, die emigriert war und sich mit Begeisterung auf mich stürzte, weil sie so froh war, endlich wieder jemanden aus der alten Heimat um sich zu haben, was mir sehr geholfen hat, mich in London zurechtzufinden. Sie hatte einige jüngere jüdische Freunde, von denen ich einen besonders nett fand. Dass mit ihm nichts passierte, lag an der schlichten Unlust meinerseits: Meine Freundin hatte mir erzählt, dass er eine Partnerin hat, die sehr traurig wäre, wenn ich auf sein Werben eingehen würde.

Bis zur endgültigen Trennung von seiner Frau hat sich Alexander Mitscherlich allerdings sieben Jahre Zeit gelassen. Seine Ehe wurde ja erst im November 1954 geschieden.

Können Sie das nicht verstehen? Wenn ich mich in seine Lage versetze, kann ich das sehr gut nachvollziehen. Mit seiner Frau war er eng verbunden, nicht zuletzt durch die gemeinsamen Kinder, und sie hat sich in dieser Ehe wirklich um ihn bemüht. Er konnte ihr nichts vorwerfen, und sie wollte sich auch gar nicht scheiden lassen, von ihr aus hätte alles so weitergehen können wie bisher. Sie schließlich dahin zu bringen war sicher sehr schmerzlich. Dass diese Umstände einen einigermaßen sensiblen Mann innerlich verzweifeln lassen, kann ich gut nachempfinden. Ich sagte ihm immer: »Das musst du wissen«, aber ich habe ihn nie bedrängt. Allerdings war mir auch klar, dass ich diese Art von Dreiecksbeziehung nicht mehr aushalten konnte. Im Grunde bin ich eben leider Gottes doch eine recht spießbürgerliche Natur. Ich erpresste ihn zwar nicht, stellte ihm kein Ultimatum, machte aber aus meiner Haltung auch kein Geheimnis. Er akzeptierte sie und war dann selbst sehr erleichtert, als er den Schritt getan hatte. Er sagte mir oft, wie froh er darüber sei. Trotzdem hat es ihn sehr mitgenommen, und manchmal frage ich mich, ob er vielleicht auch deshalb doch relativ früh, mit gerade mal dreiundsiebzig Jahren, gestorben ist.

Sie meinen wegen seiner Schuldgefühle?
Ja. Das alles hat ihn viel Kraft gekostet, ihn sehr aufgerieben. Rückwärtig betrachtet hatte er von uns beiden sicher das schwerere Leben. Da waren ich und unser Sohn, seine beiden Exfrauen und seine Kinder aus den zwei Ehen, und er hätte für alle da sein müssen, was natürlich nicht gelang. Er musste sich auch viele Vorwürfe gefallen lassen, ganz besonders von seinen Kindern, und vor diesen Auseinandersetzungen ist er nie weggelaufen. Wie gern wäre er – wohl wie wir alle – ein guter Mensch gewesen, mit dem alle zufrieden sind. Mein Sohn hat mal gesagt, er sei im Grunde zu gut für diese Welt gewesen.

War es zwischen Ihnen beiden klar, dass Sie heiraten, wenn er geschieden ist?

Wir wussten, dass wir zusammenbleiben und miteinander alt werden wollen, aber geheiratet haben wir vor allem, um endlich offiziell zusammenleben und unseren Sohn zu uns nehmen zu können. Am 3. März 1955 gingen wir aufs Standesamt. Ich weiß noch, wie die Frau, die uns trauen sollte, aus den Unterlagen vorlas, die zwei Ehen erwähnte, die zwei Scheidungen, bei denen Alexander jeweils als Schuldiger erklärt wurde, und mich dann fragte: »Und den Mann wollen Sie wirklich heiraten?«

Haben Sie sich diese Frage nie gestellt? Die Vorgeschichte könnte einen ja zumindest etwas nachdenklich machen.

Ich hatte absolut keine Bedenken. Später feierten wir dann mit Freunden und viel Wein. So viel, dass ich mich auf die Bank im Restaurant legte und einschlief. Alexander hat unseren Hochzeitstag rührenderweise nie vergessen, und wir begingen ihn alljährlich.

Nun waren Sie eine richtige Familie.

Das war eine sehr glückliche Phase in meinem Leben, ich empfand ein wirklich bewusstes Gefühl von Glück. Endlich konnte ich meinen Sohn zu mir nehmen, ihm Sicherheit bieten, wir mussten nichts mehr verdecken, und ich glaubte, mein Glück sei auch das Glück meines Sohnes. Ich kam gar nicht auf die Idee, dass es anders sein könnte. Ich dachte auch nicht darüber nach, was es für meine Familie bedeutete, ihn wieder herzugeben. Besonders für meine Mutter und meine Schwägerin, die das Kind so sehr liebten. Meine unterschwellige Härte, mit der ich ihn ohne Rücksicht auf Verluste zurückholte, wurde mir erst später bewusst. Damals wollte ich nur endlich, endlich mein Kind bei mir haben, jetzt, wo ich ihm die nötige Geborgenheit und ein Zuhause geben konnte. Der arme Junge! Er war in Dänemark bei meiner Familie sehr gut aufgehoben, alle beteten ihn an, er ging in den Kindergarten und hatte viele Freunde, mit denen er spielte. Graasten war ein kleiner Ort, und plötzlich wurde er wieder herausgerissen und in Heidelberg gleich eingeschult. Und so saß er dann in einer kleinen Dreizimmerwohnung ohne Garten, ohne Cousins und Cousinen, lebte als Einzelkind mit seinen berufstätigen Eltern, die dauernd beschäftigt waren und viel in der Welt herumfuhren.

Machte Ihr Sohn bei Ihnen einen ähnlichen Terror wie damals bei Ihrer Mutter? Immerhin war er vier Jahre von Ihnen getrennt gewesen.

Wenn wir alleine waren, malträtierte er mich anfänglich schon mal, was ich mir auch gern gefallen ließ. Vor allem wenn ich ihn abends waschen wollte, beschimpfte er mich gelegentlich. Eines Tages bekam mein Mann dieses Theater mit und knallte Matthias eine. Danach bin ich mit Alexander rausgegangen und sagte: »Das machst du nie wieder! Wenn du das Kind noch einmal schlägst, dann gehe ich.« In dieser Situation habe ich ihm wirklich ein Ultimatum gestellt, und er hat es auch nie mehr getan.

Dauerte es lange, bis sich Matthias bei Ihnen eingelebt hatte?

Wir waren ja keine Fremden für ihn. Er wusste immer, wer seine Mutter ist, hatte von Anfang an Zeit mit Alexander verbracht und kannte auch unsere Wohnung, in der er schon öfter gewesen war, aber natürlich brauchte es seine Zeit. Er vermisste meine Familie in Dänemark, seine gewohnte Umgebung, musste sich in vielen Dingen umstellen, schon allein durch den Wechsel vom Kindergarten in die Schule. Es gibt Fotos aus dieser Anfangsphase, auf denen er sehr verlassen aussieht, und als ihn Barbara, die Tochter meines Mannes aus erster Ehe, einmal fragte, was er werden wolle, sagte er »König«. Aber er war im Grunde ein unkompliziertes, braves Kind. Er liebte meinen Mann und mich, und wir liebten ihn, das war immer klar.

Wie lief es mit den anderen Kindern? Durch die Heirat waren Sie ja plötzlich auch Stiefmutter geworden.
Na, die hatten doch noch ihre eigenen Mütter! Wir wollten schon eine gute Beziehung zu ihnen pflegen, aber natürlich gab es Schwierigkeiten. Da waren Liebe und Hass, Eifersucht auf mich und unseren Sohn, sie fühlten sich ausgeschlossen, nicht genügend anerkannt und geliebt, vor allem nicht von ihrem Vater. Sie waren logischerweise auch mir gegenüber sehr ambivalent. Trotzdem ging es im Großen und Ganzen eigentlich sehr gut, aber egal, was passierte, es gab eine Tendenz, in ihm den Schuldigen zu sehen. Mein armer Mann! Er stellte sich dem auch, denn er wollte keinesfalls den Kontakt zu den Kindern verlieren.

Wie sind Sie mit dieser Situation umgegangen?
So gut es irgend ging. Es war eben so, und damit musste ich klarkommen. Es waren ja auch sehr nette Kinder, von denen ich viel Hilfe bekam, als mein Mann Anfang der Siebzigerjahre krank wurde.

Haben Sie heute noch Kontakt zu ihnen?
Ja, aber wenig.

Saßen Sie damals auch mal mit allen Kindern gemeinsam bei sich um den Tisch herum?
Alle auf einmal? Das eher selten, wir hatten damals nur eine kleine Wohnung. Die Kinder durften kommen, wann immer es ging, keine Frage; einige von ihnen haben von Zeit zu Zeit bei uns gelebt.

War es für Ihren Sohn schwierig, so viele Halbgeschwister zu haben?
Er kam damit eigentlich ganz gut zurecht.

Welche Rolle spielte das Thema Eifersucht zwischen Ihnen und Ihrem Mann? Wenn eine Beziehung mit einem Seitensprung beginnt, ist ein gewisses Misstrauen schließlich kaum zu vermeiden.
Ich wusste in der Tat, dass er durchaus verführbar war. Das habe ich immer gewusst. Genauso wie mir auch klar war, dass es viele Frauen gab, die ihn gern verführt hätten, und wenn er auf einer Gesellschaft einer irgendwie zu nahekam, hat mir das keineswegs gefallen. Ich habe lange darunter gelitten, weil ich es unwürdig fand, eifersüchtig zu sein. Ich fand mich selbst so scheußlich dabei, und wenn ich dann noch so einen richtigen Ausbruch hatte, fühlte ich mich erst recht tief beleidigt. Es kränkte mein eigenes Ich-Ideal. Man hatte nicht eifersüchtig zu sein, aber ich war es, verdammt noch mal! Ich wollte nicht, dass er sich mit anderen Frauen einließ! Gegen Männerfreundschaften hatte ich nichts. Die konnte er haben, die innigsten und liebevollsten, das fand ich wunderbar. Nur mit

Frauen durfte er kaum flirten, der Ärmste. Ich wusste, dass es lächerlich war, aber irgendwann habe ich es mir nicht mehr so übel genommen und konnte besser damit umgehen – auch etwas, das ich in meiner Analyse bei Michael Balint in London gelernt habe.

Wie haben Sie es mit der Treue in Ihrer Ehe überhaupt gehalten?
Ich hätte mir jederzeit einen Seitensprung erlaubt, nur gelang es mir irgendwie nicht, mich mit jemandem auf eine Sache einzulassen.

Vermute ich richtig, dass da ein »leider« mitschwingt?
Männer können doch alle so etwas tun, aber Frauen meiner Natur denken, es könnte zu ernst werden. Damit beschäftigen sich Männer nicht. In meiner Fantasie bin ich allerdings auch untreu gewesen. Das ist wohl jeder: Die Gedanken sind frei …

Hätten Sie denn Gelegenheit gehabt, die Gedanken in die Tat umzusetzen?
Wenn ich wirklich gewollt hätte, hätte ich schon die eine oder andere Gelegenheit haben können, aber ich wäre nie aktiv auf jemanden zugegangen, und ich verliebte mich auch nicht in allzu viele Männer. Es kam vor, sicher, auch während meiner Ehe, doch die Gefühle waren eben nie so stark, dass sie unbedingt ausgelebt werden mussten. Männer setzen so etwas gemeinhin viel schneller in die Tat um, wenn sich die Chance bietet, was natürlich ärgerlich ist.

Hätten Sie Ihrem Mann eine Affäre verzeihen können?
Vielleicht, doch, wahrscheinlich. Es wäre schwierig gewesen – vor allem wenn sie länger als eine Nacht gedauert hätte. Ein

Neben-, ein Parallelleben kam allerdings nicht infrage, eine längerfristige andere Beziehung hätte unsere zerstört, da bin ich mir relativ sicher. Das hätte ich, im Gegensatz zu seiner zweiten Frau, nicht akzeptiert. Aber das Leben ist nun mal schwierig, es wird immer wieder passieren, dass man sich mal in jemand anders verliebt oder mit jemandem schläft; der Mensch ist ein Triebwesen. Doch das ist noch kein Grund, auseinanderzugehen. Vorausgesetzt, beide haben die Bereitschaft, an der Ehe oder der Beziehung festzuhalten.

Wenn man sich Umfragen anschaut, sieht man immer wieder, dass Treue in einer Partnerschaft einerseits für die deutliche Mehrheit der Menschen einen enorm hohen Wert hat, andererseits geht etwa jeder Zweite fremd. Wie passt das zusammen?
Das ist ein Konflikt, der existiert, solange es Menschen gibt. Wir werden immer den Wunsch haben, dass der, den wir lieben und brauchen, uns treu sein soll. So wie unsere Mutter uns völlig lieben und für uns da sein soll, solange wir sie brauchen, und uns dann aber gehen lässt, wenn wir unabhängig geworden sind. Gleichzeitig sind wir aber alle auch Triebwesen. Außerdem dürfen Sie nicht vergessen, dass der Begriff der Treue weder zu allen Zeiten noch in allen Gesellschaften und schon gar nicht für beide Geschlechter immer dasselbe bedeutet hat. Die Liebesheirat, die natürlich eng mit dem romantischen Wunsch nach Ausschließlichkeit verbunden ist, gibt es zum Beispiel erst seit etwa dem siebzehnten Jahrhundert. Davor waren Vernunftehen die Regel. Sexuelle Treue wurde auch völlig anders bewertet, je nachdem, wer fremdging: Bei Männern galt es als Selbstverständlichkeit oder höchstens als Kavaliersdelikt, Frauen wurden bestraft. Und in der muslimischen Welt existiert bis heute ein völlig anderer Treuebegriff. Da

können Männer mehrere Ehefrauen haben, solange sie sie gleich behandeln und ausreichend versorgen, Frauen dagegen werden gesteinigt. Was ist also Treue?

Trotzdem: Wenn wir uns auf unsere moderne westliche Gesellschaft beziehen, reiben wir uns an einem Ideal auf, das dann doch eigentlich unserer Natur als Triebwesen widerspricht?
Sicher, und ich glaube, wir sollten eine andere Kultur des Miteinanders entwickeln. Wir sollten begreifen und ertragen, dass die Gedanken frei sind und jeder Mensch Gefühle und Fantasien hat, die dem anderen nicht passen. Die muss man sich gegenseitig auch schweigend zugestehen. Das hat aus meiner Sicht nichts mit Toleranz zu tun. Das sind Tatsachen, und uns bleibt nichts anderes übrig, als uns damit abzufinden.

Sie meinen also nicht, dass man mit dem Partner darüber reden sollte, was da gerade in einem vorgeht?
Man sollte eine Beziehung nie so weit treiben, sich alle Gedanken und Empfindungen mitzuteilen oder dieses voneinander zu verlangen. Das wäre für niemanden auszuhalten.

Sie sprechen von Fantasien, nur bleibt es bei denen bekanntlich nicht immer.
Dennoch können beide im Laufe des gemeinsamen Lebens zu dem Schluss kommen: Wir wollen trotzdem zusammenbleiben, die Beziehung, die Freundschaft zwischen uns nicht aufgeben. Die Verliebtheit endet doch sowieso irgendwann. Das wird auch beim nächsten und übernächsten Mal so sein, und man muss sich entscheiden, ob man das, was man miteinander teilt, für etwas Neues aufgibt, das über kurz oder lang wieder am gleichen Punkt landet. Zwischen meinem Mann und

mir gab es diese Grundklarheit, dass wir einander nicht verlassen würden. Ich wusste, er würde bei mir bleiben, selbst wenn er sich mal in eine andere Frau verliebte, was ich auch durchaus gespürt habe, und für mich galt das Gleiche.

Aber nicht jeder ist in der Lage, es hinzunehmen, dass der Partner sein Herz oder seine Lust noch an jemand anders hängt.
Es gibt durchaus Situationen, in denen nichts anderes übrig bleibt, als den anderen gehen zu lassen. Wann es nicht mehr funktioniert, ist individuell natürlich völlig unterschiedlich. Viele Männer und Frauen kämpfen hart darum, dass der andere bleibt. Doch man muss auch wissen, auf welche Weise und wie lange man um eine Beziehung kämpfen soll, wie weit man gehen will. Es muss immer auch dem eigenen Naturell entsprechen.

Treue und Untreue sind eng mit dem Begriff »Freiheit« verbunden. Wie wichtig ist Freiheit aus Ihrer Sicht in einer Beziehung?
In der Politik stellt man immer wieder die Frage, was wichtiger sei: Freiheit oder Sicherheit. Das sind zwei Dinge, die sich ein Stück weit ausschließen, und in einer Beziehung will man eben beides, wobei natürlich sowohl die absolute Freiheit als auch die absolute Sicherheit Illusionen sind. Andererseits funktioniert eine Beziehung ohne Bindung aber genauso wenig wie eine, in der sich einer oder auch beide völlig aufgeben müssen. Ich kann nur dazu auffordern: Nehmt Rücksicht aufeinander, und lasst den anderen, so weit es irgend geht, seinen Bedürfnissen folgen, so wie du auch willst, dass deine respektiert werden; verhalte dich so, wie du willst, dass dein Partner sich dir gegenüber verhält. Doch das ist natürlich ein langer, mühevoller Lernprozess.

Oft krankt es schon daran, dass man dem anderen im Grunde nicht erlauben kann, er selbst zu sein. Und wenn er sich weiterentwickelt, zum Beispiel neue Freundschaften aufbaut oder Interessen entdeckt, die man nicht teilen mag, will man das auch nicht immer akzeptieren.

Das muss man lernen!

Was vielen allerdings nicht leicht fällt.

Uns allen ist aufgegeben, erwachsen zu werden, und dieser Prozess dauert bis ans Lebensende. Man muss immer wieder neu lernen, ob man will oder nicht, und dazu gehört auch, dem anderen das Denken und Lernen zu erlauben, ihn in seiner Freiheit, sich weiterzuentwickeln, nicht zu behindern.

Warum tun sich viele Menschen damit so schwer?

Wir tun uns schwer damit, weil es eben so ist, und dieser Schwere müssen wir uns stellen. Ein Leben lang müssen wir uns damit auseinandersetzen, uns überlegen, was wir wollen, und verstehen, was der andere möchte, der oftmals auch gar nicht verstanden werden möchte. Daran kommt man nicht vorbei, niemand. Aber Sie scheinen mir da ein bisschen wie ein trotziges Kind zu sein: »Warum, warum, warum?«

Auch auf die Gefahr hin, dass mein Nachhaken Sie nervt: Was macht es uns so schwer? Haben wir Angst, dass wir den Partner womöglich verlieren, wenn er sich wandelt? Empfinden wir sein Anderssein als Angriff auf unsere eigene Person? Ist es Eifersucht?

Darauf gibt es keine universelle Antwort. Diese Frage können Sie nur für sich selbst beantworten, indem Sie in sich hineinhören und herausfinden, was in Ihnen vorgeht, warum Sie fühlen, was Sie fühlen, warum Sie sind, wie Sie sind. Und Sie müssen kapieren, was die Veränderung bedeutet, sie verstehen: Was passiert da, warum geschieht es? Und wenn Sie begreifen und akzeptieren, dass der andere immer ein fremder Stern ist, aus einem anderen System kommt als Sie, macht das den Blick schon sehr viel freier. Dann findet man das Anderssein plötzlich interessant und kann dadurch auch etwas dazulernen. Sobald Sie Ihren Partner allerdings als Ihr Eigentum betrachten, sobald Sie wollen, dass er genauso ist, wie Sie sich das vorstellen, dann gnade Ihnen Gott, denn das funktioniert nicht.

Wie war das in Ihrer Ehe?
Es gehörte einfach dazu, dem anderen das Denken zu gestatten, uns gegenseitig nicht zu behindern. Ich mochte es, wenn sich Alexander entwickelte und neue Ideen verfolgte. Es sei denn, ich fand den Gedanken falsch, dann habe ich natürlich meine Meinung dazu geäußert. Wissen Sie, als mein Mann plötzlich alle Städte anders bauen wollte, habe ich das auch nicht so ganz begriffen, aber ich habe ihm sein neues Hobby zugestanden. Ich konnte damit zwar nicht besonders viel anfangen, doch ich fand es toll, dass er sich mit so etwas beschäftigte. Nie wäre ich auf die Idee gekommen, mich da einzumischen. Auch seine Erfolge bedrückten mich nicht, sondern waren mir ein Vergnügen, und er sah es genauso. Wir konnten einander viele Freiheiten lassen und sind sicher auch deshalb zusammengeblieben, weil der eine beim anderen die Möglichkeit hatte, sich zu entfalten. Erst als mein Mann Anfang der Siebzigerjahre krank wurde, entstand ein gewisses Ungleichgewicht zwischen uns. Er veränderte sich sehr, hatte

nicht mehr diese Energie und war für mich auch nicht mehr so ansprechbar wie vorher. Das war bitter für ihn und natürlich auch für mich.

Ihr Mann war neun Jahre älter als Sie. Machte sich dieser Altersunterschied in Ihrer Beziehung bemerkbar?

Ich empfand ihn zu Anfang eindeutig als den Stärkeren. Er war ja nicht nur älter als ich, sondern hatte beruflich schon viel erreicht und sich in vielem durchgesetzt, als wir uns kennenlernten. Er hat auch viele Feindschaften ertragen müssen, was er ganz gut konnte. Besonders wegen seiner Rolle als Beobachter bei den Ärzteprozessen 1946/47 in Nürnberg wurde er sehr hart angegangen und als »Nestbeschmutzer« beschimpft – obwohl die Ärztekammer ihn darum gebeten hatte. Mein Mann hatte ja während der Nazizeit zeitweilig im Gefängnis gesessen und galt deshalb als politisch unbelastet. Er ist auf denkbar unfreundliche Art angegriffen worden, weil die meisten seiner Kollegen eben nicht wahrhaben und einsehen wollten, dass die Morde und sadistischen Menschenversuche zwar nur von einem Teil der deutschen Ärzte begangen worden waren, aber die Ärzteschaft als Ganzes dazu geschwiegen hatte. Seine Stärke im Ertragen und seine Durchsetzungskraft beeindruckten mich sehr. Ich habe mich dann bemüht, ein eigenes berufliches Leben aufzubauen, wurde selbstständiger und war schließlich nicht nur diejenige, die ihn bewunderte, sondern stand ihm langsam, aber sicher auf gleicher Ebene zur Seite. Es war mir auch klar, dass ich das musste – man kann zu einem Partner nicht ständig wie zu einem Vater aufsehen.

Eine gewisse Ebenbürtigkeit ist für eine Beziehung sicher wichtig, aber man kann natürlich nicht in allem gleichauf sein. In welchen Punkten waren Sie und Ihr Mann einander über- oder auch unterlegen?

Danach hätten Sie der Vollständigkeit halber auch ihn fragen müssen. Er sagte zum Beispiel mal, ich sei intelligenter als er, was nicht stimmte. Ich wusste allerdings, worauf er damit anspielte: diese gewisse Schnelligkeit, die Frauen ja oft haben. Ich hatte auch mehr Menschenkenntnis, interessierte mich stärker und mit einer größeren Ausschließlichkeit für Individuen, für menschliche Beziehungen, obwohl er herrlich treffende Bemerkungen über Menschen machen konnte, die das Wesentliche an ihnen trafen – meist, ohne verletzend zu sein. Er fand die richtigen Worte und ging wunderbar mit Sprache um. Alexander hatte auch eine besondere Begabung, Kontakte aufzunehmen und zu pflegen, und wenn er jemanden kennenlernte, den er spannend fand, entstand daraus oft schnell eine intensive Zusammenarbeit. Nicht, dass ich besonders introvertiert wäre, mir wurde es nur schneller zu viel. Wenn er mir den einen oder anderen vorstellen wollte, sagte ich schon mal: »Ach, bitte nicht, ich habe keine Sehnsucht nach noch mehr Menschen.« Gleichzeitig hatte er durchaus Phasen, in denen ich ihn von der Außenwelt abschirmen und mit viel Geschick Leute abweisen musste, weil er für sich allein sein und schreiben wollte. Er war auch unglaublich neugierig, hat sich immer sehr für das Leben außerhalb der Psychoanalyse und der Medizin interessiert, für Politik, Soziologie, Philosophie, die Natur – er war zum Beispiel Hobby-Ornithologe. Mit solchen Themen habe ich mich erst durch ihn mehr und mehr beschäftigt, mich im Laufe der Zeit sehr darum bemüht, einen Zugang dazu zu finden, und ich bin meinem Mann ohne Zweifel unendlich dankbar für die Anregungen, die ich von ihm bekommen habe. Außerdem hatte Alexander für äußere Dinge entschieden mehr Gefühl, das Ästhetische war ihm sehr wichtig: Er sammelte moderne Kunst, Lithografien und Ähnliches, und wenn er schlechte Architektur sah, wurde ihm physisch schlecht. Überhaupt war er künstlerisch – vor allem im Umgang mit Sprache – deutlich begabter als ich. Ich empfand ihn manchmal auch als sehr deutsch. Wenn man so will, ist mir da mein dänischer Vater schon sehr zugute gekommen: In Dänemark lacht man schneller über sich und ist im alltäglichen Leben an Ironie und Witz gewöhnt, ohne gleich Zynismus dahinter zu vermuten.

Dann haben Sie sich eigentlich richtig gut ergänzt.
Ja, und auch deshalb stand es nie zur Diskussion, dass wir uns trennen.

Aber gestritten haben Sie sich doch wohl auch?
Unsere Freunde Jürgen und Ute Habermas sagten immer, sie hätten erst gelernt, sich zu streiten, nachdem sie uns kennengelernt haben. Ja, wir haben immer sehr offen miteinander gesprochen, gelegentlich auch vor anderen. Das war eine Art Spiel zwischen uns.

Ist Streit wichtig in einer Beziehung?
Sich auseinanderzusetzen, verschiedene Meinungen zu haben und sie zu vertreten, ist sicher essenziell. Wobei meine Eifersuchtsanfälle wohl kaum besonders produktiv waren. Doch wenigstens konnte ich sofort eingestehen, worum es ging: »Ja, ich sehe es ein, aber dann gib mir bitte auch keinen Grund dazu.« Alexander war übrigens auch eifersüchtig,

sogar grenzenlos, wenn er nur den geringsten Anlass dazu spürte, was er allerdings immer leugnete. Ich hätte es, ehrlich gesagt, sogar als Beleidigung empfunden, wenn er es nicht gewesen wäre. Aber für kleinliches, unnützes Gezänk hatten wir im Großen und Ganzen weder allzu viel Kraft noch Zeit übrig. Da waren seine Kinder, unser Kind, unser Beruf, in dem wir uns durchzusetzen und mit vielen Feindschaften zu kämpfen hatten.

Hat es Ihnen als Paar auch geholfen, den gleichen Beruf auszuüben?

Absolut! Ich glaube, ohne diese Gemeinsamkeit wäre es nicht gegangen. Wobei wir schon so versiert waren, uns nicht ständig gegenseitig zu analysieren. Zumindest machten wir das nicht täglich. Wir ließen höchstens mal ein paar Bemerkungen fallen, schließlich wird man von seiner Arbeit auch geprägt, das kann man im Privatleben ja nicht einfach abschalten.

Es ging also eher darum, wirklich zu verstehen, was der andere tut?

Ja, wir wussten immer, womit der andere gerade beschäftigt ist, wir halfen einander, kämpften gemeinsam und stärkten uns gegenseitig den Rücken. Das hat uns auch sehr zusammengehalten. Die Psychosomatische Klinik in Heidelberg, wo wir schließlich dann beide arbeiteten, war damals durchaus umstritten. Wir wurden lächerlich gemacht und vom Universitätspersonal als Scharlatane angefeindet, die irgendwelche Behauptungen aufstellten und somatische Krankheiten übersahen. Wenn es mal passierte, dass wir einen unserer Patienten wegen solcher Probleme, die er neben seinen hysterischen oder zwangsneurotischen Symptomen auch hatte, zur weiteren Untersuchung in eine andere Klinik schickten, wurde sofort die Gelegenheit ergriffen, nach der Schließung der Psychosomatik zu schreien, da wir angeblich einen lebensbedrohenden Zustand nicht früh genug erkannt hätten. Auch das Sigmund-Freud-Institut in Frankfurt durchzusetzen war mit viel Mühe verbunden. Mein Mann hat dafür eng mit Theodor Adorno und Max Horkheimer zusammengearbeitet, und er konnte einflussreiche Politiker gewinnen, die das Institut finanziell unterstützten, dessen Gründung überhaupt erst ermöglichten.

In Beziehungen, in denen beide Partner viel arbeiten, kommt es häufig zur »Wir müssen mehr Zeit für uns haben«-Diskussion. Kennen Sie die aus Ihrer Ehe?

Nein, ich weiß gar nicht, was das heißen soll. Es kommt mir ein wenig wie Getue vor, denn es klingt so furchtbar bemüht, und bei allem, was so bemüht ist, stimmt doch irgendwas nicht. Wir hatten genug Zeit füreinander, sprachen viel miteinander, waren einander nahe. Wir arbeiteten im selben Institut, sein Zimmer lag gegenüber von meinem, mal klopfte er bei mir, mal ich bei ihm. Manchmal war ich sogar ganz froh, wenn er beschäftigt war, sodass ich abends meine Ruhe hatte. Er schrieb ja viel und legte zum Beispiel Wert darauf, dass ich es lese. Das wurde mir zeitweilig schon ein bisschen viel. Mich hat es durchaus gefreut, wenn er mit anderen Leuten an Projekten arbeitete. Ich brachte dann den Espresso und konnte mich wieder zurückziehen. Außerdem waren wir gemeinsam oft beruflich auf Reisen, in London oder in den USA, und wir machten zusammen Ferien. Über Weihnachten sind wir regelmäßig mit Freunden auf die Seiser Alm nach

Südtirol gefahren, wir fuhren sehr gern Ski, und es gibt kaum einen Ort in der Schweiz, in Österreich oder Südtirol, wo wir nicht gewesen wären. Manchmal denke ich, dass das für unseren Sohn Matthias nicht immer ganz leicht war. Wir begingen das Weihnachtsfest ja nie so, wie er das aus Dänemark kannte.

Hatten Sie noch andere Rituale?
Wir legten großen Wert darauf, gemeinsam mit Matthias zu Abend zu essen, konnten es schlecht ertragen, wenn einer von uns dreien ausfiel.

Paartherapeuten empfehlen gern das Ritual, sich einmal in der Woche oder einmal im Monat zusammenzusetzen, um wirklich intensiv miteinander zu sprechen, um zu hören, was den anderen gerade beschäftigt, damit nicht so viel unter dem Teppich landet.
Auf die Idee wären wir wirklich nicht gekommen, da hätten wir uns wahrscheinlich totgelacht. Nein, zu solchen Ritualen fällt mir nicht besonders viel ein.

Sie trugen auch keine Eheringe, nicht wahr?
Er hat während seiner sämtlichen Ehen keinen getragen – mit Eheringen hätte man sich ja dieser lächerlichen bürgerlichen Moral unterworfen. Und warum hätte ich allein mit einem rumlaufen sollen?

Hätten Sie gern einen gehabt?
Ich habe ehrlich gesagt nie darüber nachgedacht. Wenn es auch sein Wunsch gewesen wäre, hätte ich sicher einen getragen. Aber das stand nie zur Diskussion. Außerdem habe ich Schmuck sowieso meistens verloren.

Lassen Sie uns noch mal über Sex sprechen: Das Thema sorgt ja immer wieder für einen gewissen Zündstoff.

Sicher, Sexualität hat etwas sehr Animalisches, ob man will oder nicht. Dem Mann wurde das schon immer zugestanden. Männer wurden lange als Wesen mit tierischen Gelüsten dargestellt, die die Frau passiv über sich ergehen lassen muss. Die Frau genießt nicht, das gehörte sich einfach nicht: Sie lässt sich überfallen und opfert sich, indem sie den Geschlechtsakt erträgt. Dass wir das heute anders sehen und die Frau nicht mehr als Objekt begreifen, ist gewissermaßen sehr modern. Über die sexuellen Wünsche der Frau zu sprechen, deren Existenz überhaupt anzuerkennen, das kam erst mit Sigmund Freud. Nichtsdestoweniger ist Sex trotz aller Verschmelzung ein egozentrisches Erleben. Selbst in der zärtlichsten, lustvollsten Umarmung bleiben beide während des Orgasmus für sich und gehen oft ihren ganz eigenen Fantasien und Lustimpulsen nach. Das dem anderen und sich selbst zuzugestehen und zu akzeptieren, mag nicht immer einfach sein, aber eine gewisse animalische Durchsetzungskraft ist doch auch schön. Einen Typen, der ständig fragt: »Willst du dieses oder jenes, gefällt dir das, mache ich das richtig?«, hätte ich jedenfalls nicht aushalten können. Diese allzu einfühlenden Männer fallen einem schließlich ziemlich auf die Nerven.

Was man beim Sex schön findet oder wie oft man überhaupt miteinander schlafen möchte, empfinden Partner allerdings oft sehr unterschiedlich.

Selbstverständlich, das ist schwierig. Einerseits hat man keine Lust, dauernd einen unbefriedigten und deshalb schlecht gelaunten Mann um sich zu haben, andererseits will man nicht dauernd Sex haben, wenn die Lust dazu fehlt. Mein erster

Freund wollte am liebsten Tag und Nacht, was mit ein Grund dafür war, dass ich diese Beziehung irgendwann als absolut abstoßend empfunden habe. Aber wie gesagt mag man ja auch keinen Mann ganz ohne Libido. Dass der gelegentlich mal über einen herfällt, kann, wenn es mit einem gewissen Humor geschieht, durchaus angenehm sein. Doch so oder so muss man trotz aller Unterschiede zu einem Zusammen kommen, ohne unaufrichtig zu sein.

Hilft es, darüber zu reden?
Es kommt auf die Art und Weise an. Ein Gespräch kann allzu pädagogisch und uneinfühlend sein, am Thema vorbeigehen. Es sollte schon so etwas wie Taktgefühl vorherrschen, man sollte wissen und spüren, wann welche Worte angemessen sind. »Wir müssen jetzt darüber reden« klingt eher wie ein Gespräch zwischen Eltern und ihrem Kind.

Und wie sieht es mit einem Sexualtherapeuten aus?
Wenn man gar keine Lust mehr hat, mit dem anderen ins Bett zu gehen, wird einem der auch nicht unbedingt helfen können. Steckt hinter dem Nichtwollen allerdings etwas anderes, etwa Verdrängung von Themen, die man eigentlich miteinander besprechen oder auch nur für sich klären könnte, sieht das natürlich wieder anders aus. Da der Mensch nun mal ein Sexualwesen ist und es meistens über lange Jahre auch bleibt, kann sich unter Umständen schon wieder der Wunsch einstellen, miteinander eine sexuelle Beziehung zu haben. Sofern die Unlust nicht mittlerweile in Ekel umgeschlagen ist.

Kann es aus Ihrer Sicht eine gute Beziehung ohne Sex geben?

Ich kann mir sehr gute Beziehungen ohne Sex vorstellen. Aber eine sexuelle Beziehung wie die Ehe ohne Sex? Man heiratet doch auch aufgrund körperlicher Gelüste, und wenn man den anderen irgendwann abstoßend findet, ist das schon ungünstig.

Es muss ja nicht gleich Ekel sein. Viele Paare leiden darunter, dass die Lust aufeinander im Laufe einer Beziehung nachlässt.

Wenn Sie dauernd Süßigkeiten essen, hängen die Ihnen irgendwann zum Hals heraus, und die Lust aufeinander nimmt eben normalerweise genauso ab, wenn Sie dauernd Gelegenheit dazu haben, miteinander zu schlafen. Hat man aber eine gute Beziehung zueinander und sind sexuelle Wünsche nicht ganz verschwunden, kann man durchaus immer wieder Freude daran finden, sich auch körperlich nahe zu sein – schon weil man es seelisch will. Es gibt ja auch ältere Ehepaare, die sich immer gut verstanden haben und diese Art des Zusammenseins weiter pflegen, da es eben ein inniger Akt ist. Man hört schließlich nicht auf, ein sexueller Mensch zu sein, nur weil man bereits viele Jahre zusammenlebt, aber natürlich verändert sich das Bedürfnis mit der Zeit. Nichts bleibt immer gleich. Man kann auch nicht unentwegt wie toll verliebt sein. Ganz abgesehen davon sollte man vielleicht nicht vergessen, dass Sex in den vierundzwanzig Stunden des täglichen Lebens eine relativ kurzfristige Angelegenheit und faktisch betrachtet nicht so ungeheuer bedeutend ist.

Sie meinen, Sex wird überschätzt?

In der Tat! Wenn Sex früher Sünde war, dann ist er heute zur Pflicht geworden. »Du musst bis ins hohe Alter sexuell aktiv sein, sonst bist du nichts mehr wert!«: Das gehört zu den Wertvorstellungen, die wir heute haben. Genau wie der Jugendzwang mit seinem »Du musst jung sein oder zumindest jung aussehen!«. Aber jeder wird alt, jeder stirbt irgendwann, und der Trieb ist mit fünfzig nicht mehr so stark wie mit achtzehn. Das ist eine natürliche Entwicklung – es sei denn, man nimmt dauernd künstliche Mittel, um sich aufzuputschen. So ist das Leben, und diese Realität des Lebens anzuerkennen fällt vielen offensichtlich schwer.

Aber wenn es um Liebe oder Leidenschaft geht, sind Sehnsüchte leider oft nun mal sehr viel stärker als Realitätssinn. Die meisten von uns sehnen sich zum Beispiel auch danach, den einen ganz besonderen Menschen zu finden, diesen idealen Partner, der wie der Schlüssel zum Schloss passt und mit dem man bis ans Lebensende glücklich sein kann.

Das ist natürlich großer Blödsinn. Als Psychoanalytikerin würde ich sagen, dass wir im Grunde von dieser frühen Seligkeit des Einsseins im Mutterleib nicht loskommen. Aber jeder von uns wird geboren, und in dem Moment, wo wir auf die Welt kommen, müssen wir anfangen, selbstständig zu atmen, was vorher nicht nötig war. Danach leben wir wieder für eine gewisse Zeit in der absoluten Symbiose, sind völlig abhängig davon, dass unsere Mutter für uns da ist, aber auch von ihr müssen wir uns irgendwann trennen. Der Wunsch, wieder der satte, glücklich lächelnde Säugling zu sein, lässt uns nicht los, aber leider Gottes sind wir Individuen. Platons Idee, dass es zwei Menschen gibt, die irgendwann eins waren und sich nur wieder finden müssen, ist eine wunderschöne Fantasie, nach der man unendliche Sehnsucht haben kann, und vor lauter Sehnsucht nach dem

Irrealen kann man dann an der Wirklichkeit des Glücks vorbeigehen.

Eigentlich sind wir Menschen doch ziemlich dämlich, oder?
Das kann man so sagen! Wir sind in erheblichem Maße dämlich. Aber es bleibt uns nichts anderes übrig, als uns damit abzufinden, dass wir irdisch sind, kein Gott im Himmel über uns wacht und immer bei uns ist, dass wir geboren wurden und nie mehr in Mutters Bauch zurückkönnen. Und wenn wir uns verlieben, müssen wir mit einem umgehen, der genauso allein sein muss. Deswegen wundere ich mich darüber, dass es doch so viele glückliche Ehen gibt: Weil jede das Ergebnis harter Arbeit zweier Alleingelassener ist, die sich immer irgendwo nach dem Glück der frühen Kindheit sehnen, das sie so nie mehr finden werden.

Nach allem, was Sie uns über Ihre Ehe erzählt haben, könnte man allerdings schon den Eindruck gewinnen, dass Alexander Mitscherlich für Sie ein idealer Partner war.
Was heißt schon ideal? Von den reinen Tatsachen aus gesehen, kann man nicht unbedingt behaupten, dass ein Mann ideal gewesen wäre, der in dritter Ehe lebte, bereits einen Haufen Kinder hatte und nicht absolut und zu jeder Zeit gegen weibliche Verführungskünste gewappnet war, wie man schon an der Beziehung mit mir sehen konnte. Er war mir physisch angenehm, sein Wesen, seine Art zu sein machte mir Spaß, und wir passten gut zusammen, hatten die gleichen Interessen. Es ist immer leichter, wenn sich zwei aus dem gleichen Milieu, der gleichen Kultur und mit dem gleichen Bildungshintergrund zusammentun.

Heute lernen sich mehr und mehr Menschen auch durch Partnerbörsen im Internet kennen.
Ich weiß, aber dazu habe ich wirklich keinen Zugang.

Warum nicht?
In mir ist noch zu viel Romantik, als dass ich mich mit dieser Welt anfreunden könnte. Ich würde nie per Computer einen Mann hinsichtlich seiner Größe, Figur, seines Erfolgs und womöglich seines Gehalts aussuchen. Nein, das kommt mir vor, als würde man ein Möbelstück bestellen. Mit Liebe hat das für meine Begriffe nicht viel zu tun. Aber Sie müssen mir auch meinen Geburtsjahrgang anrechnen, vielleicht bin ich da altmodisch.

Wir alle erhoffen uns von der Liebe das große Glück. Hat die Liebe Sie glücklich gemacht?
Ausgesprochen! Sie hat auch oft elend geschmerzt, aber ich fürchte, das gehört genauso dazu.

2. KAPITEL

Von Kindern, Werten und dem deutschen Rabenmutter-Mythos

»Ein Kind ist kein Gefäß, das gefüllt werden, sondern ein Feuer, das brennen will.«

FRANÇOIS RABELAIS

Frau Mitscherlich, für viele Frauen gehört es zu den Lebenszielen, Mutter zu werden. Wie war das bei Ihnen?

Ich war sicher kein Muttertier in dem Sinne. Zwar hatte ich nichts gegen Kinder, im Gegenteil, aber dass ich nun schon immer welche hätte haben wollen, kann ich nicht behaupten. Es ergab sich lange auch nicht die Gelegenheit dazu. Mit meinem ersten richtigen Freund wollte ich partout keine, das war klar, und ich wusste es zu verhindern. Mit Alexander Mitscherlich passierte es eben, und darüber bin ich sehr froh. Kinder sind interessant: Sie wecken Gefühle in einem, die man vorher überhaupt nicht kannte, schöne und mühsame Gefühle. Kummer und Sorgen bleiben ja nicht aus, aber mein Sohn war für mich überaus wichtig. Er hat mein Leben sehr bereichert, auch wenn mir die Trennung von ihm damals die größten Schmerzen bereitet hat. Und im Alter ist es natürlich angenehm, wenn man Enkel hat.

Hätten Sie noch mehr Kinder gewollt?

Sehr gern. Als ich dann endlich verheiratet war, hätte ich wirklich gern noch eines bekommen. Es wäre mir auch egal gewesen, ob es nun ein Junge oder ein Mädchen wird, wobei man von Töchtern in späteren Jahren ja doch etwas mehr zu haben pflegt. Aber ganz bewusst schwanger sein, dann Mutter und mein Kind von Anfang an behalten, bis es flügge wird: Das ist der große unerfüllte Wunsch in meinem Leben. Ich weiß noch, dass mein Sohn eines Abends beim Waschen im

Badezimmer auf seinen Pimpel zeigte und sagte: »Mama, damit macht man doch Kinder, und du willst doch noch so gern ein Kind.« – »Na ja«, meinte ich, »wenn du größer bist, kannst du das damit schon tun, aber nicht unbedingt mit deiner Mutter!«

Und warum bekamen Sie keines mehr?
Ich konnte nicht. Eine medizinische Geschichte …

Haben Sie und Ihr Mann sich damit auseinandergesetzt, wie Ihr Sohn erzogen werden soll?
Das ging völlig selbstverständlich. Ich erinnere mich jedenfalls nicht, dass wir uns darüber systematisch Gedanken gemacht hätten.

Hatten Sie denn eine klare Leitlinie, einen Grundsatz?
Es gibt einen dänischen Ausspruch, der mir immer sehr gefallen hat: »Schlucke nichts roh.« Das war mein Motto, und das ist aus meiner Sicht die Grundlage für eine gute Erziehung. Erziehung muss zum Nachdenken anregen und darf nie mit Zwängen einhergehen. Ständig nur Verbote und Anweisungen aussprechen nutzt doch nichts. Ein Kind muss sein eigenes Verständnis entwickeln können, und das geht nur, indem man ihm beibringt, selbstständig zu denken. Indem man ihm sagt, wie man bestimmte Dinge findet, ihm die eigene Haltung erklärt und auch Zusammenhänge deutlich macht.

Klingt vernünftig.
Nicht wahr? Obwohl Rohköstler gern behaupten, dass Rohes so gesund sei.

Damit waren Sie Ihrer Zeit aber ein ganzes Stück voraus. In den Fünfzigerjahren pflegte man schließlich den autoritären »Bloß keine Widerworte!«-Erziehungsstil. Teilte Alexander Mitscherlich Ihre Auffassung?

Wir hatten die gleichen Ansichten, was menschliche Werte, was das Miteinander betrifft, und dies wollten wir unserem Sohn natürlich auch weitergeben.

Nämlich?

Toleranz, Einfühlung in die Mitmenschen, vorurteilsfreies Denken und Handeln, Kritikfähigkeit sich selbst und anderen gegenüber, diese Dinge eben.

Wie haben Sie ihm diese Haltungen vermittelt? Durch Worte?

Natürlich haben wir mit ihm über diese Dinge auch geredet, umso mehr, je älter er wurde, und als er jünger war, gab es sicher auch Situationen, in denen die Sprache darauf kam. Wenn Kinder diese Phase entwickelten, in der sie gelegentlich Tiere quälen oder Kleinere ärgern, die sich nicht wehren können, reagierte ich sehr empfindlich. Ich habe es immer gehasst, wenn sich Menschen an Schwächeren vergreifen, und Kinder merken sehr genau, ob das, was Sie sagen, mit Ihrer inneren Haltung übereinstimmt, mit dem, was Sie ihnen vorleben. Sie können Einfühlung oder Toleranz nicht nur predigen, sie müssen sich auch selbst einfühlend und tolerant verhalten, sonst kommt nichts an, und Sie sind völlig unglaubwürdig. Die Art und Weise, wie man miteinander umgeht, und welche Atmosphäre im Elternhaus herrscht, ist viel wichtiger als irgendwelche letztlich leeren moralischen Botschaften.

Wie war die Atmosphäre im Hause Mitscherlich?

Wohl doch recht anders als in typisch bürgerlichen Familien. Mein Sohn hatte während seiner Gymnasialzeit einen guten Freund, der oft bei uns zum Abendessen war. Vor ein paar Jahren erzählte mir dieser Freund, dass es ihm vor lauter Staunen jedes Mal beinahe die Sprache verschlagen habe. Wie und was bei uns gesprochen wurde: Das war er von seinem Elternhaus überhaupt nicht gewohnt. Es sei für ihn wie ein Unterschied zwischen Tag und Nacht gewesen, und die Zeit bei uns hätte ihn sehr verändert. Wir hingegen fanden das völlig normal.

Haben Sie mit Ihrem Sohn auch über den Nationalsozialismus gesprochen?

Natürlich. Wir bekamen auch viel Besuch von Kollegen und Freunden aus Holland, England oder den USA, von vielen jüdischen Analytikern, die vor und während des Krieges vor den Nazis geflohen waren und später lieber nach Heidelberg kamen als nach Berlin, weil sie meinem Mann vertrauten. Da wurde sehr offen darüber geredet.

Wenn ich mich recht erinnere, war Berlin vor dem Krieg mit der Deutschen Psychoanalytischen Gesellschaft das Zentrum der Freudianer. Die Nazis schlossen die Gesellschaft dann einem anderen Institut an, das eher an ihrer Ideologie orientiert war.

So ist es. Die Nazis haben die Freud'schen Lehren ja als »jüdisch« abgelehnt, und die nichtjüdischen Analytiker haben sich den neuen Herren in Deutschland eben angepasst – ob sie wollten oder nicht. Aber es gab auch viel Opportunismus, den die emigrierten Kollegen nicht so schnell vergessen konnten.

Hat Ihr Sohn denn auch gefragt, wie es damals unter Hitler gewesen war?

Er musste gar nicht so furchtbar viele Fragen stellen, sondern ist mit diesem Teil unserer Geschichte aufgewachsen. Wir waren, wie gesagt, mit vielen Juden befreundet, und Paula, die Analytikerin meines Mannes, liebte er ganz besonders. Sie war von kleiner Statur, und mein Sohn war mit zwölf schon größer als sie. Er legte auch mal seinen Arm um sie und sagte: »Paula, kleine Paula, ich beschütze dich.«

Spielte Religiosität in Ihrer Familie eine Rolle?

Mein Mann war antiklerikal, vor allem aber sehr antikatholisch eingestellt. Er sagte immer, die Kirche habe alles Übel in die Welt gebracht: die falsche Moral, die Engstirnigkeit, die Haltung, Sexualität als Sünde anzusehen. Sie habe zwar Menschenliebe gepredigt, faktisch aber die meisten Kriege mit angezettelt. Denken Sie nur mal an die Kreuzzüge, und mit dem Nationalsozialismus hat sie sich dann ja auch gut arrangiert. Er hatte also sehr gute Argumente gegen die Kirche, und ich bin dann auch irgendwann nach dem Kriege ausgetreten. Matthias habe ich trotzdem noch taufen lassen. Ich wollte, dass er die Wahl hat.

Und wie hat er sich später entschieden?

Er geht mit seiner Frau und den Kindern an Weihnachten in die Kirche. Sie stammt aus einer sehr katholischen Familie, und meine Enkel wurden katholisch getauft, sonst wären die Schwiegereltern todunglücklich gewesen. Da bin ich natürlich mitgegangen, auch um zu sehen, wie das heute so aussieht. Als protestantisch erzogener Mensch hatte ich natürlich auch meine Affekte gegen den Katholizismus – wenn auch etwas milder ausgeprägt als die meines Mannes.

Ihre vorhin genannten Wertvorstellungen unterscheiden sich allerdings kaum von den christlichen.

In der Bibel steht: »Liebe deinen Nächsten wie dich selbst.« Das ist ein Wert, den jeder Mensch akzeptieren und leben kann. Letztlich heißt es ja, dem anderen nichts anzutun, was man selbst nicht erfahren möchte, und den anderen nicht mehr, aber auch nicht weniger zu achten als sich selbst. Das ist absolut kein illusionärer Quatsch, sondern eine Vorstellung davon, wie Menschen gut miteinander umgehen können. Nein, die Bibel ist schon ein großartiges Buch, mit dessen Inhalten man sich durchaus auseinandersetzen sollte. Allerdings hat die Kirche Werte wie Toleranz oder Nächstenliebe wahrhaftig nicht immer praktiziert. Überhaupt hat sie zwar den Glauben sehr hochgehalten, aber nicht die Vernunft, und Glaube ohne Vernunft führt eben leicht zu Korruption, zu magischem und auch projektivem Denken. Nicht umsonst hat Luther seinerzeit die Reformation ins Leben gerufen. Die katholische Kirche war ja denkbar bestechlich und unbarmherzig, sie hat Ablasshandel betrieben, Hexen verbrannt, Menschen, die anders dachten, kurzerhand auf grausamste Weise gefoltert und umgebracht. Der Kirche ging es über viele Jahrhunderte bestimmt nicht um Vernunft oder Liebe, sondern sie war von Machtgelüsten getrieben. Der amtierende Papst allerdings geht da neue Wege; ganz offensichtlich möchte er Glaube und Vernunft miteinander verbinden.

Was halten Sie von Familienministerin Ursula von der Leyens »Bündnis für Erziehung«, das Kindern wieder mehr christliche Werte nahebringen soll?

Ich verstehe schon, was sie damit meint. Menschen für Werte zu sensibilisieren ist keine schlechte Sache, sofern sie auch kritisch betrachtet und hinterfragt werden, sofern man dabei eben auch Vernunft walten lässt und nicht nur blind glaubt. Man muss darüber nachdenken, sich fragen, warum diese Werte gut sind, wie man sie anwenden soll. Kritikloses Hinnehmen nutzt überhaupt nichts, denn bei der nächsten Gelegenheit schluckt man dann eben etwas anderes genauso unreflektiert. Wissen Sie, letztlich ist »Wert« doch ein Wischiwaschi-Wort, in das man alles Mögliche hineinstopfen kann. Die in einer Familie gültigen Werte können sich durchaus von denen in einer anderen oder von den Idealen und Vorstellungen in der Gesellschaft unterscheiden, und innerhalb einer Gesellschaft gibt es wiederum schichtspezifische Unterschiede. Auch Hitler hatte Werte, ganz katastrophale, wie wir wissen: Menschen waren wegen ihres »Blutes« weniger wert und durften ermordet werden; Menschen, die Juden versteckten, wurden ebenfalls umgebracht. »Wir sind die Besten!«, hieß es. »Du musst die Juden hassen, dann bist du ein guter Mensch!« Dieser ganze unsägliche Dreck, der nichts anderes bedeutete, als dass man großartig war, wenn man die größten Verbrechen beging, weil man so dafür sorgte, dass diese »Herrenrasse« der Deutschen die Welt beherrschte. Das Volk hat diese Werte rasch angenommen – innerhalb von zwölf Jahren war es gelungen, im Denken der Bevölkerung zu verankern, dass es schrecklich sei, etwas mit Juden zu tun zu haben. Man hat es geschafft, aus einem Kulturvolk primitive Barbaren zu machen, die jüdische Menschen – Männer, Frauen und Kinder – einfach totschlugen. So schnell lassen sich Werte verschieben. Das sollte man nie vergessen.

Und sie sind natürlich immer auch ein Stück weit dem Zeitgeist unterworfen.

Natürlich. Werte verändern sich dauernd, nur nimmt man es nicht unbedingt immer bewusst wahr. Wer hat denn früher zum Beispiel darüber nachgedacht, dass Frauen die gleiche rechtliche Stellung haben müssen? Wer wäre auf diese Idee gekommen? Absurd! Die Frau hat zu Hause zu bleiben, verdammt noch mal! Da waren sich alle einig. Nicht nur die Männer, auch die Frauen. In der islamischen Welt ist das bis heute so. Und die Werte, die unter Hitler als richtig erachtet und mit brutalster Gewalt durchgesetzt wurden, sind aus heutiger Sicht glücklicherweise völlig verachtens- und verdammenswert.

Erziehung soll – zumindest wünschen sich das Eltern – Kinder gegen falsche Ideale immunisieren. Was hat Sie gegen den Nationalsozialismus gewappnet?

Ich bin im liberalen Dänemark groß geworden und hatte einen dänisch-national gesinnten Vater, der sehr früh erkannte, dass Hitler ein Verrückter ist, »ein Verbrecher«, das sagte er wortwörtlich. Ich realisierte das mit meinen fünfzehn Jahren nicht und machte mir seine Ansicht so schnell nicht zu eigen. Zu dieser Zeit besuchte ich das Oberlyzeum in Flensburg und dachte anfangs noch: »Aha, jetzt kriegen die Autoritäten mal eins aufs Dach.« Das war die erste und einzige positive Empfindung, die ich je mit den Nazis verbunden habe. Dann hatte man ja schnell das Gefühl, zu etwas gezwungen zu werden, und dagegen bin ich von jeher allergisch gewesen. Es gab die Gruppen, in denen man marschieren, Fahnen schwenken und sie auch noch grüßen sollte. Mit Fahnen konnte ich nun gar nichts anfangen. Ich fand es schon idiotisch, wenn zu Weih-

Margarete Mitscherlichs Vater Nis Peter Nielsen

nachten der Baum meiner Verwandten mit lauter dänischen Fähnchen geschmückt war. Und diese Mädchen im BDM in ihren Uniformen, mit ihrem Gehorsamkeitsgehabe, ihren Befehlen und ihrem Geschrei: Das war nichts für mich. Damit wollte ich möglichst nichts zu tun haben, was mir auch gelang.

Ihre Mutter war allerdings Deutsche.
Ja, und ich fühlte mich Deutschland und den Deutschen schon durch sie eng verbunden. Ich hing sehr an meiner Mutter, mehr als an meinem Vater, und war durchaus eine deutsche Patriotin, während sich mein Bruder mit dem Dänentum meines Vaters identifizierte. Als Kind habe ich begeistert »Deutschland, Deutschland über alles« und »Schleswig-Holstein meerumschlungen« gesungen. Ich war zu Hause in Dänemark auch im VDA, im Verein Deutscher im Ausland; wir machten viele Reisen und Wanderungen – alles ohne Uniform. Aber mein deutscher Nationalismus verschwand mit Hitler, genauso wie er auch meiner Mutter vergangen ist. Als man Deutschland plötzlich als Hitler-Deutschland ansehen musste, war meine Begeisterung nicht mehr so feurig. Dass mein Vater recht hatte, was die Nazis betraf, kapierte ich dann schon. Später empfand ich nur noch Abscheu. Ich habe die Reichskristallnacht 1938 als Studentin in München erlebt, und es war widerwärtig, was man den Juden antat, wie die alten Männer an ihren Bärten auf die Straßen gezerrt wurden. Ich verstehe bis heute nicht, dass die Leute das geschehen ließen und sich abwandten. Aber, mein Gott, ich habe ja auch nichts dagegen getan. Ich wusste, wenn ich eingreife, machen sie dasselbe mit mir. Ich bin dann nach Hause gegangen und habe vor Hass und Angst zu zittern begonnen. Das geschah mir damals zunehmend.

Warum haben Sie sich nicht verführen lassen? Als »deutsche Patriotin«, wie Sie sich selbst gerade bezeichnet haben, hätten Sie sich doch von diesem ganzen Wahn leicht anstecken lassen können.

Wie gesagt hasste ich von Kindheit an jede Form von Zwang. Alles, wozu ich gezwungen werden sollte, hatte bei mir keine Chance. Ich litt an Klaustrophobie und konnte schon physisch keine Enge ertragen. Enge Kleider, enge Räume: furchtbar! Da fing ich an zu schreien und zu toben; und der Nationalsozialismus ging in hohem Maße mit Zwang einher. Außerdem war ich meiner Deutschlehrerin in Flensburg verfallen, die sehr kritisch dachte und mit uns über Literatur und Philosophie so sprach, dass wir schnell kapierten, dass sich ihre Welt der Werte ganz von der der Nazis unterschied. Ich gehörte zu einer Gruppe von Mädchen, für die sie der Mittelpunkt war. Wir sind nachmittags mit Begeisterung freiwillig in ihre Philosophiestunde gegangen und haben ihr vor lauter Liebe fast die Füße geküsst. Die Begegnung mit ihr war sicher das große Erlebnis meiner letzten Schuljahre.

Was hat Sie an dieser Frau so fasziniert?

Sie verkörperte für uns die Welt des Geistigen, eröffnete uns neue Möglichkeiten des Denkens und strahlte eine große menschliche Klugheit aus, ohne allerdings besonders milde oder weich zu sein. Sie hatte durchaus eine gewisse Schärfe, sagte nicht zu allem Ja und Amen, sondern konnte sehr eindeutige Worte finden, wenn sie etwas für kitschig oder falsch hielt. Gott sei Dank! Sie war auch nicht gerade schön, eher klein, ein wenig dick, und sie watschelte beim Gehen. Und gerade dass sie keine Schönheit war, gefiel uns. Sie hatte diesen besonderen Ausdruck im Gesicht, diesen pädagogischen Eros,

wie man so schön sagt. Wir kapierten einfach, dass sie uns
etwas vermitteln will, das wichtig für uns ist. Sie hat uns bei-
gebracht, selbstständig zu denken. Und sie hat etwas in mein
Leben gebracht, wofür ich ihr bis heute sehr dankbar bin: das
Gefühl für Qualität, für Qualität literarischer und menschlicher Natur.

Das ist unbezahlbar.
Ja, das ist es. Diese Frau war unbezahlbar. Wir hatten auch
einen guten Englischlehrer, der uns einen Überblick über die
englische Literatur gab und uns Bücher lesen lies, die nicht direkt verboten, aber hart an der Grenze waren: D. H. Lawrence,
William Somerset Maugham, Thomas Hardy, Huxley und all
diese Leute. Doch er wagte es nicht, sich so auf uns einzulassen wie unsere Deutschlehrerin.

**Bekamen Sie und Ihre Lehrerin keine Schwierigkeiten? Die Nazis
hatten für gute Literatur und Philosophie ja nichts übrig, von kri-
tischem Denken ganz zu schweigen.**
Die anderen Lehrer waren überaus eifersüchtig auf sie, behaupteten auch, wir wären ihr hörig, weil wir eben sehr auf sie
eingestellt waren. Dabei hatte unsere Beziehung nichts Kör-
perliches oder direkt Sexuelles; wir haben sie auch nie privat
getroffen. 1937, etwa ein halbes Jahr vor dem Abitur, fuhren wir in ein Schulungslager mit Hamburger Schülern, von
denen viele so dachten wie meine Freundinnen und ich. Wir
sollten offenbar auf unsere nationalpolitische Gesinnung ge-
prüft werden. Jede Klasse führte Tagebuch über das tägliche
Geschehen, wie etwa den Unterricht in Naziideologie. Meine
Freundinnen und ich nutzten die Gelegenheit, um unseren
Spott loszuwerden, indem wir über die lächerlichsten Dinge

mit übermäßiger Begeisterung berichteten, woraufhin uns unsere eifersüchtige Französischlehrerin, die das natürlich bemerkte, anzeigte. Die Deutschlehrerin wurde später versetzt, und wir sollten wegen politischer Unzuverlässigkeit vom Abitur ausgeschlossen werden, was für uns natürlich furchtbar war. Ein Leben ohne Studium konnten wir uns nicht vorstellen. Es gab viele Sitzungen der Lehrerschaft, Eilbriefe gingen zwischen uns und den Hamburger Oberprimanerinnen hin und her, die uns beistanden, und schließlich hat man uns doch zugelassen. Gott sei Dank! Wir waren sehr erleichtert! Als »Gegenleistung« mussten wir allerdings zum Beispiel in den Arbeitsdienst. Das haben wir auch gemacht, wir waren eben auch opportunistisch und naiv. Die ganze Gefahr, die von den Nazis ausging, hatten wir noch nicht richtig erfasst.

Wie lief es dann im Abitur? Man hätte es ja auch darauf anlegen können, Sie durchfallen zu lassen.

Ich kann mich noch genau daran erinnern, wie ich von diesem Nazirektor gefragt wurde, welche nationalpolitische Literatur ich kenne, ob ich *Mein Kampf* gelesen hätte. Das hatte ich natürlich nicht, und ich sehe mich noch dasitzen, zitternd, weil ich unbedingt diese Prüfung bestehen wollte. »Nein«, sagte ich, »aber ich habe *Carin Göring* gelesen.«

Margarete Mitscherlich als Abiturientin, 1937

Ein Buch über die Frau von Reichsmarschall Göring ...
Seine erste. Irgendeine Adlige aus Schweden, eine komplette Pseudo-Type, über die Göring hochidealisierend geschrieben hatte. Dass das Kitsch war, wusste auch der Rektor, und ihm war ebenso klar, wie lächerlich ich derartige Texte fand. Ich nannte den Titel gar nicht mit bewusster Verachtung oder Hohn, mir fiel nur nichts anderes ein, aber mit dieser Antwort war offensichtlich, dass meine Gesinnung nicht so ganz dem entsprach, was man von einer guten deutschen Abiturientin erwartete. Trotzdem kam ich durch, erstaunlicherweise.

Wissen Sie, was aus Ihrer Deutschlehrerin wurde?
Sie unterrichtete später an der Universität.

Und die Französischlehrerin, die Sie angezeigt hatte?
Kurz nach Kriegsende habe ich sie noch mal gesehen. Ich fuhr mit Mitgliedern der dänischen Widerstandsbewegung in einem Auto mit offenem Verdeck zu Freunden nach Flensburg, und als sie mich absetzten, stand sie plötzlich vor mir, starrte mich mit großen Augen an und verschwand ganz schnell in einer Seitenstraße. Wissen Sie, in dieser Zeit des Elends konnte man eigentlich keine Gefühle von Triumph erleben, aber als ich diese Frau sah, wie sie vor mir weglief, da hatte ich leider wirklich Spaß.

Wenn Sie so erzählen, wird einem wieder klar, wie wichtig es ist, Vorbilder zu haben.
Ja, man sucht sich Vorbilder, vor allem in der Jugend. Ich habe mir meine Lehrerin gesucht, und auch meine Mutter war ein Vorbild für mich. Ich wollte so werden wie sie, das war mein ureigener Wunsch. Vorbilder müssen etwas Freiwilliges ha-

ben, man kann sie nicht aufzwingen, das funktioniert nicht. Die Frau, bei der ich zu Beginn meiner Schulzeit in Flensburg in Pension lebte, wollte beispielsweise immer, dass ich mich an ihrer Tochter orientieren solle, nur war diese das durchtriebenste Luder, das man sich nur vorstellen kann, was ihre Mutter natürlich nicht wusste. Da lachte ich mir sehr ins Fäustchen.

Es gibt aber durchaus auch Vorbilder, bei denen Eltern das kalte Grausen kommt. Wenn der Sohn etwa auf irgendwelche Rapper steht, die zwischen halbnackten Frauen herumtanzen und dabei von Mord, Totschlag und heißem Sex röhren, oder wenn die Tochter unbedingt wie Paris Hilton sein will.

Das ist wohl kaum zu vermeiden. Und halbnackte Frauen sind doch etwas Wunderbares! Diese Vorbilder zu verbieten oder schlechtzumachen bringt natürlich überhaupt nichts. Man muss versuchen, den Kindern zuzuhören, sie zu verstehen, auch ihre Situation begreifen. Kinder wollen und müssen sich von ihren Eltern abgrenzen, und Provokation, sich genau so zu verhalten, wie es Vater und Mutter eben nicht wollen, ist eine Form der Distanzierung und außerdem ein Mittel, um Aggressionen loszuwerden. Ich sehe das im Bekanntenkreis durchaus: Da ist ein Sohn, der geradezu den Zwang verspürt, seinen Vater mit irgendwelchen Bemerkungen und Ansichten in die Luft gehen zu lassen. Der reagiert dann auch prompt so, was ich recht ungeschickt finde, weil es eben immer wieder zu fürchterlichen Auseinandersetzungen kommt. Ich finde bei Gott nicht alles richtig, was der Junge sagt, aber ich versuche, auf ihn einzugehen, wirklich mit ihm zu sprechen und ihn zum Nachdenken anzuregen. Mit uns beiden klappt das sehr gut, weil er merkt, dass ich ihm zuhöre, ihn ernst nehme und verstehen will. Allerdings habe ich es mit Sicherheit viel leichter, denn ich bin keine Autorität, an der er sich reiben muss.

Haben Sie Ihren Sohn denn immer verstanden?
Vielleicht sogar zu sehr. Manchmal dachte ich, er erzählt mir zu viel von dem, was in ihm vorgeht.

Weil es Sie belastete?
Nein, das nicht. Aber ab einem gewissen Alter muss man auch Dinge für sich behalten, um unabhängig zu werden. Diese Offenheit bei ihm ging etwa bis zum Abitur, danach baute er sich mehr und mehr sein eigenes Leben auf und behielt viel für sich. Das war für mich dann natürlich auch schmerzlich, aber eben unvermeidlich.

Konnten Sie die Mutter von der Psychoanalytikerin trennen?
Nicht zu hundert Prozent, nein. Selbstverständlich habe ich meinen Sohn nicht auf die Couch gebeten und bin mit ihm in einen analytischen Dialog gegangen, in dem man hauptsächlich den anderen reden lässt und über sich höchstens dann spricht, wenn der Patient etwas auf einen projiziert oder es Zeit für eine Deutung ist. Um Gottes willen! Ich habe auch nicht ungefragt Deutungen von mir gegeben, das habe ich sehr diszipliniert unterlassen. Aber natürlich kann man die Erkenntnisse, die man im Laufe des Lebens über sich und andere gewinnt, nicht plötzlich ausschalten.

Hat Ihnen dieses berufliche Wissen geholfen?
In gewissem Sinne sicher. Ich wusste viel und wusste auch, was ich besser für mich behalten sollte. Ich war schon fähig, darüber nachzudenken, was ich tue.

Wissen allein scheint aber nicht unbedingt zu reichen. Immerhin gab es zu keiner Zeit mehr Ratgeberliteratur zum Thema Erziehung, doch wenn man mit Eltern spricht, stellt man häufig fest, dass viele völlig verunsichert sind. Verstehen Sie diesen Widerspruch?

Man muss mit dem Wissen auch umgehen können. Jeder hat selbst eine Erziehung genossen, durch sein Elternhaus, die Schule, das familiäre Umfeld, durch die Gesellschaft, in der er lebt. So hat auch jeder am eigenen Leib erfahren, wie man das macht, hat diese Normen entweder angenommen oder abgelehnt. Mit den Ratgebern kommen dann neue, andere Vorstellungen dazu. Nur nutzen Ideen oder Ratschläge nichts, wenn sie nicht durchdacht werden. Man muss sich mit ihnen auseinandersetzen, sie hinterfragen, sie mit dem persönlichen Erleben vergleichen und zu eigenen Schlüssen kommen, sonst bleibt es Theorie, angelesenes Zeug, und damit kommt man eigentlich nie besonders weit. Wenn Sie einem Kind etwas vermitteln wollen, müssen Sie es ja auch verinnerlicht haben und eigene Worte dafür finden. Mein Sohn hat es immer sofort gemerkt, wenn ich zu theoretisch wurde und es nicht wirklich etwas mit ihm zu tun hatte. Und genauso spürt ein Kind, ob man tatsächlich aufgeschlossen und interessiert ist oder man gerade mal gelesen hat, dass es wichtig wäre, so zu sein.

Ich denke manchmal, dass man sogar ein Stück weit den eigenen Instinkt oder den gesunden Menschenverstand verliert, wenn man sich allzu viel mit Ratgeberliteratur beschäftigt.

Na ja, wenn man den durch irgendwelche Theorien so schnell verliert, dann war er nicht viel wert. Überhaupt ist der sogenannte gesunde Menschenverstand oft nichts anderes als ein Haufen von Vorurteilen, an denen Menschen um jeden Preis festhalten wollen, über die sie nicht nachdenken möchten. Ich halte es eher mit der Fähigkeit, die Realität zu sehen. Ich kann Realität und Fantasie, Subjekt und Objekt ziemlich gut trennen.

Allerdings wäre es natürlich schön, wenn einem jemand sagen könnte: »Verhalte dich so und so, dann wird dein Kind weder ein Schulversager noch drogensüchtig oder sonst irgendetwas Albtraumhaftes.«

Das kann aber niemand. Es gibt kein universell einsetzbares Rezept, das ist uns Analytikern völlig klar, das sagen wir auch unseren Patienten. Wir können zuhören, mit ihnen sprechen, beobachten, wie sie sich verhalten, und versuchen, Dinge sichtbar zu machen, doch wir können niemanden völlig umpolen. Wenn man Familien miteinander erlebt, sieht man oft sofort, was falsch läuft. Das allerdings in Worte zu fassen, die jemand auch zu verstehen und anzunehmen vermag, ist sehr schwer. Es geht ja nicht nur darum, was Mutter und Vater sagen oder tun, ob sie geduldig sind oder ihrem Kind dauernd Vorschriften machen. Schon der Tonfall spielt eine große Rolle, Körpersprache und Mimik, die Art und Weise zu reagieren, wie man hinhört, ob man vielleicht immer wieder etwas wahrnimmt, was weder gesagt noch gemeint war, ob man unsicher ist, all das. Auch Eltern sind getrieben von ihren Vorurteilen, unbewussten Motiven, Verletzungen und Fantasien. Wenn Sie das jemandem von einem auf den anderen Moment austreiben könnten, wären Sie ein Wunderdoktor.

Aber es ist doch der Job eines Therapeuten oder auch Analytikers, Eltern diese Zusammenhänge begreiflich zu machen.

Sicher, aber nicht mit einem Rezept. Das ist ein langer Prozess, in dem man versucht, ein Bewusstsein dafür zu schaffen, was zwischen diesen Menschen vor sich geht, für bestimmte Verhaltensweisen, die den Kontakt zum Kind immer wieder erschweren oder gar nicht erst entstehen lassen. Dazu braucht es viele Gespräche, viel Verständnis und auch die Fähigkeit, dem Patienten etwas begreiflich zu machen, ohne dass er gekränkt ist. Es muss für ihn spürbar werden, wie diese Interaktionen ablaufen, und er muss etwas damit anfangen können, um tatsächlich Veränderungen vorzunehmen. Das geht nicht von heute auf morgen oder indem er in Zeitschriften oder Büchern irgendwelche Verhaltensregeln liest.

Solche Tipps können aber Denkanstöße geben.
Absolut, davon kann man nie genug bekommen, das ist absolut zu befürworten, aber Sie müssen vor allem verstehen. Sich auch selbst verstehen und die Fähigkeit entwickeln, sich von außen zu sehen, zu kapieren, wie viel Sie in Ihr Kind hineinprojizieren: all die unbewussten Wünsche, Vorurteile, was auch immer. Kinder spüren diese Projektionen, sie reagieren darauf, während den Eltern oft gar nicht klar ist, weshalb sich ihr Kind eigentlich so verhält, welchen Anteil sie selbst daran haben.

Waren Sie als Mutter trotz allen Verständnisses auch streng?
Meinen Sohn zu verstehen war für mich das Wichtigste. Aber natürlich habe ich ihm auch Grenzen gesetzt, das ist doch selbstverständlich, und er hat diese Grenzen nie ernsthaft überschritten. Ich hatte ein wenig Angst, als er in die Schule kam, denn andere Kinder aus der Familie hatten oft Lernschwierigkeiten und brauchten Nachhilfestunden. Doch mit Matthias gab es keine Probleme, er war immer ausnehmend gut, was mich sehr erleichterte. Es lief eigentlich alles sehr friedlich mit ihm ab.

Gehörten Sie eher zu den überfürsorglichen oder zu den entspannten Müttern?

Mein Sohn war sehr selbstständig, und deshalb habe ich ihn wahrscheinlich oft überschätzt, ihm auch zu viel zugemutet. Einmal, da muss er sechs oder sieben gewesen sein, ließ ich ihn allein mit dem Roller in den Zoologischen Garten fahren, der nahe bei unserer Wohnung lag, und als ich später hinkam, stand er ganz verloren und bleich in der Gegend herum und fühlte sich elend. Andererseits habe ich ihm, wenn ich konnte, seine Wünsche erfüllt. Er war mein einziges Kind, ich liebte ihn von Herzen und war ungeheuer glücklich, ihn endlich bei mir haben zu können. Und wie gesagt: Er war ein guter Schüler, hat sich außerdem immer mit kleinen Jobs eigenes Geld verdient, weil er wusste, dass das seinem Vater imponierte. Ich weiß allerdings auch, dass er später mal zu einem Freund gesagt hat, er sei fast wie unter einer Käseglocke groß geworden und habe die wirkliche Welt erst entdeckt, als er aus seinem Elternhaus rausgekommen sei.

Haben Sie sich mal gefragt, ob Sie eine gute Mutter sind?

Ich fand, dass ich eine gute Mutter war. Ich habe meinen Sohn immer sehr geliebt und mich nach bestem Wissen und Gewissen bemüht, ihn zu verstehen. Ich habe versucht, alles, was ich über Erziehung und das Miteinander gelernt habe, auch umzusetzen. Von heute aus betrachtet war ich keine gute Mutter, als ich ihn mit seinen kaum zwei Jahren weggegeben habe. Allerdings weiß ich auch nicht, ob ich eine bessere gewesen wäre, wenn ich ihn bei mir behalten hätte. Ich habe mir oft gesagt: »Du warst nicht stark genug, du warst einfach nicht stark genug.« Doch wahrscheinlich ist man nie stark genug, um die Anforderungen zu erfüllen, die man an sich selbst stellt. Wenn ich zurückschaue, dann weiß ich immer noch nicht, wie ich es damals anders hätte machen sollen. Es war ja keine Frage von Liebe, die stand nie infrage, aber mir fehlte die Kraft, mich neben meinem Beruf auch noch so um meinen Sohn zu kümmern, wie es meiner Mutter in Dänemark möglich war. Ich musste sehen, dass ich mich irgendwie etablieren konnte. Die Sicherheit, dass ich den Vater meines Kindes oder einen anderen Mann heiraten würde, hatte ich nicht. Zum Glück übte ich einen Beruf aus, den ich sehr schätzte, und die Ausbildung musste ich weitermachen, schon allein, um irgendwann genug Geld für uns zu verdienen. Mein Gott, es ging ihm in Dänemark sehr gut, er wurde behütet und geliebt. Trotzdem muss ich mir eingestehen, dass ich es damals nicht geschafft habe. Ich war nicht wie Frau von der Leyen, die offenbar alles vereinbaren kann: Ministeramt, Mann und dann auch noch sieben Kinder. Wenn ich mein Leben noch mal leben könnte, würde ich ihn wohl nicht weggeben. Doch wie gesagt weiß ich nicht, ob das für ihn wirklich die bessere Lösung gewesen wäre. Ich werde es nie wissen.

Hat er Ihnen deshalb irgendwann einmal Vorwürfe gemacht?
Na sicher. Gleichwohl ihm natürlich klar war, dass ich damals sehr kämpfen musste, um mich durchzusetzen, Geld zu verdienen und die Ausbildung beenden zu können.

Kinder sind leider nicht nur logisch.
Was er mir wirklich sehr zum Vorwurf gemacht hat, war dieses eine Jahr, das ich dann später noch einmal mit meinem Mann gemeinsam in London verbracht habe. Matthias war damals zehn und wechselte gerade aufs Gymnasium, konnte uns also nicht begleiten. Meine Mutter sollte sich um ihn

Matthias Mitscherlich und seine Großmutter Grete Nielsen in Heidelberg, 1958

kümmern, sie war ja nun seit seiner Kindheit eine vertraute Person für ihn. Doch kaum war sie bei uns, wurde sie krank und musste für viele Monate ins Krankenhaus. Unsere Haushaltshilfe, Fräulein Weber, sorgte dann für Matthias, aber er fühlte sich natürlich relativ allein, obwohl er meine Mutter in der Nähe hatte. Er besuchte uns zwar mehrfach in London, oder wir kamen zwischendurch nach Deutschland, doch das änderte nicht viel an seiner Einsamkeit. Darüber hat er sich später beklagt, wobei er auch einen gewissen Spaß daran hatte, mir Schuldgefühle zu machen. Er wusste, dass ich dafür empfänglich bin. Dennoch war es für ihn sicherlich keine einfache Zeit. Es gibt noch eine Karte aus diesem Jahr: »Liebe Mutti, lieber Vati, ich war noch nie so unglücklich«, hat er da geschrieben.

O Gott, das muss einem das Herz brechen.
Er hat die Karte nie abgeschickt. Meine Mutter hat ihn daran gehindert und gab sie mir später.

Wie lebt Ihr Sohn heute?
Er wollte ganz eindeutig nicht so wie seine Eltern werden und ist völlig andere Wege gegangen. Er, das Einzelkind, hat vier sehr nette, kluge und schöne Kinder in die Welt gesetzt, er hat eine sympathische, schöne Frau und einen guten Job in der Industrie.

Wie war Ihr Mann als Vater? Er hatte schließlich schon eine gewisse Erfahrung damit.
Fragen Sie seine Kinder.

Uns interessiert Ihre Wahrnehmung.
Es ist doch immer verletzend für Kinder, wenn Väter sich scheiden lassen, und Kinder sind ständig voller Vorwürfe. Sie fanden, dass er jederzeit und überall für jedes einzelne da sein sollte, und natürlich war er nie genug da. Mein Mann hat sich das auch immer angehört, hatte große Schuldgefühle, aber faktisch kamen die Kinder trotz aller Anklagen zu ihm. Sie konnten auch mit allem zu ihm kommen, es gab nichts, worüber nicht gesprochen werden durfte. Nur hatte er einfach sehr viel zu tun. Er musste Geld verdienen, was auch nicht immer einfach war. Um allen Kindern wirklich gerecht zu werden, hätte er viel mehr Zeit gebraucht.

Und wie war er in Bezug auf Matthias?

Mein Mann liebte ihn sehr, weil er eben auch ein besonders netter und unkomplizierter Junge war, viel Humor hatte und mit seinem Vater gut umgehen konnte. Matthias hat ihn ebenfalls von Herzen geliebt. Er sagte kürzlich, sein Vater sei der Beste und Klügste von allen gewesen.

Haben Sie je mit dem Gedanken gespielt, im Beruf kürzerzutreten, um mehr Zeit für Ihren Sohn zu haben?

Bevor ich verheiratet war, stellte sich die Frage nicht. Da ging es nicht anders. Später habe ich das Leben mit ihm immer so gut genossen, wie ich nur irgend konnte. Viele Nachmittage habe ich mir freigehalten. Allerdings hatte ich abends oft Seminare, die ich auch gern gehalten habe. Nein, ich habe schon versucht, mir so viel Zeit wie möglich für ihn zu nehmen, und als dann 1960 das Sigmund-Freud-Institut eingeweiht wurde und Alexander nach Frankfurt ging, blieb ich in Heidelberg, bis mein Sohn Abitur machte. Ich wollte ihn nicht noch einmal verlassen. Ich bin zweimal die Woche ins Institut gefahren, um dort zu arbeiten, und mein Mann pendelte.

Wenn eine Mutter arbeitet, noch dazu, wenn sie das gerne tut, kommt häufig sehr schnell der Vorwurf, sie sei eine Rabenmutter ...

Rabenmutter! Wenn ich das schon höre! Das ist ein absolut deutscher Begriff, den hören Sie nirgendwo anders. Diese Vorstellung, dass eine Mutter ausschließlich für ihr Kind da zu sein hat, dass sie ihm schadet, wenn sie arbeitet, ist eine durch und durch deutsche Vorstellung. Ich war kürzlich zu einer Veranstaltung in Heidelberg eingeladen, zu der auch eine Oberbürgermeisterin aus Südfrankreich kam, eine Engländerin und viele andere Frauen. Auch da stellte sich wieder heraus, dass es in vielen Ländern schon für die Mütter der heutigen Mütter eine Selbstverständlichkeit war, dass die Kinder in Krippen kommen und sie arbeiten. Wir hatten darüber sehr interessante Diskussionen, und die Ausländerinnen sagten, dass ihre Kinder bestimmt nicht schlechter dran, sondern im Gegenteil selbstständiger seien und es in ihren Ländern jedenfalls nicht diese verwöhnten, jammernden Kinder gebe, die wir hier großziehen.

Warum haben wir immer noch dieses seltsame Mutterideal?

Wir sind in allem eine verspätete Nation, haben es erst nach dem Zweiten Weltkrieg geschafft, ein demokratisches Land zu werden. Die erste Revolution verlief 1848 im Sande, 1871, nachdem Deutschland Frankreich besiegt und in Versailles mit dem Friedensvertrag zutiefst gedemütigt hatte, entstand die deutsche Nation – und zwar ohne Demokratie, sondern mit einem Kaiser von Gottes, nicht von Volkes Gnaden. Dann kam der Erste Weltkrieg, die Zwanzigerjahre waren viel zu kurz, um eine stabile Demokratie aufzubauen, zumal natürlich auch der Versailler Vertrag von 1919, der auch die Rache für 1871 war, auf Deutschland lastete, und schließlich tauchte Hitler auf; Willkür, Unrecht und Morden begannen. Das Volk war vor 1918, solange es den Kaiser gab, nie der Souverän, es wurde nicht ernst genommen und damit auch nicht die Frauen dieses Volkes. Gut, heute dürfen Frauen wählen, können studieren und einen Beruf ausüben, aber in Deutschland ist es eben noch nicht wirklich angekommen, dass man Grundlagen dafür schaffen muss, dass sie auch wirklich und in vollem Umfang berufstätig u n d Mutter sein können. Auch in diesem Punkt hinken wir mit unserer Geschichte hinterher.

Als Frau hat man immer irgendwie das Gefühl, etwas falsch zu machen: Wenn man arbeitet, heißt es, man vernachlässige seine Kinder, wenn man nicht arbeitet, wird man für eine einfältige Hausfrau gehalten, die sich von ihrem Mann ernähren lässt, und wenn man keine Kinder kriegt, gilt man als kalte Egoistin.

Ja, aber nur in Deutschland. Zieht euch doch den Schuh nicht an, Kinder! Das Blödsinnige an uns Frauen ist, dass wir immer alles annehmen, statt zu sagen: »Quatsch! Ich mache es so, wie ich es für richtig halte! Wenn ich ein Kind haben will, bekomme ich es, wenn nicht, dann nicht. Und wenn ich eins kriege, soll es verdammt noch mal Möglichkeiten geben, es unterzubringen, sodass ich arbeiten gehen kann!« Schaut euch um in der Welt, und kapiert, dass das nur in Deutschland so ist, und wehrt euch durch Nachdenken und mit Argumenten gegen diese idiotischen Schuldgefühle. Kinder verwahrlosen nicht, wenn sie in Krippen, Kindergärten oder Ganztagsschulen gehen. Die leiden eher, wenn ihre Mütter nicht Nein sagen können und sich ewig schuldig fühlen.

Unglücklicherweise wird man Schuldgefühle nicht so schnell los.

Das ist wohl wahr, aber Frauen müssen kapieren, dass ihre Schuldgefühle gesellschaftlich begründet sind. Denken Sie doch mal an den Adel früher oder die vermögenden Bürger, da war es gang und gäbe, die Kinder an Ammen und Gouvernanten weiterzureichen, und die Frauen fühlten sich auch nicht schlecht dabei, weil es die Gesellschaft akzeptierte. Das gehörte sich so für bestimmte Bevölkerungsschichten. Heute ist etwas anderes üblich, und diese Vorstellungen haben die Frauen übernommen, ohne darüber nachzudenken. Akzeptiert das doch nicht als Wahrheit! Man muss dafür kämpfen, dass es entsprechende Institutionen gibt, die es Müttern erlauben zu arbeiten. Davon profitiert die ganze Gesellschaft.

Ich kenne viele berufstätige Mütter, die ungeheuer verletzt sind, weil ihnen mütterliche Qualitäten immer wieder genauso abgesprochen werden wie ihre Leistungsfähigkeit im Job. Familienministerin Ursula von der Leyen wurde kurz nach der Wahl in einem Fernsehinterview sogar gefragt, ob sie sich schon entschieden habe, eine schlechte Mutter oder eine schlechte Ministerin zu sein.

Und wie hat sie darauf reagiert?

Eigentlich gar nicht, aber in einem Gespräch erzählte sie, dass sie innerlich völlig zerstört gewesen sei.

Das verstehe ich nun überhaupt nicht. Das sind leider Gottes Dinge, an die man sich gewöhnen muss, und als Frau in ihrer Position sollte sie wissen, dass Politiker manchmal hart angegangen werden.

Trotzdem sind solche Äußerungen kränkend, und mich empört es zutiefst, dass manche Leute glauben, Frauen derartige Frechheiten an den Kopf werfen zu dürfen.

Solche Sprüche zeigen letztendlich doch nur, wie tief einige Menschen in ihren vorgestrigen, blödsinnigen Vorurteilen und Vorstellungen stecken, und wenn Frauen so verrückt sind, sich diesen Schuh anzuziehen, bitte. Allerdings nutzen sie dann nicht das, was Gott ihnen gegeben hat: ihre Intelligenz. Ich will niemandem verbieten, von derlei Äußerungen getroffen zu sein, aber dann muss man eben selbst angreifen. Manchmal genügt es schon, mit einer schlagfertigen Antwort zu parieren, seine Wut und Kränkung in eine möglichst den anderen verletzende Ironie zu verwandeln. Dann kann man sich wenigstes rächen, das ist manchmal sehr lustvoll. Und Ironie ist eine sehr viel bessere Waffe als Empörung.

Ist Ihnen der Vorwurf »Rabenmutter« je selbst begegnet?
Nein, zumindest kann ich mich nicht daran erinnern. Ich habe mich auch nicht als solche gesehen. Irgendjemand sagte mal, mein Sohn sei ein armes Schlüsselkind, aber das hat mich nicht geärgert. Er hatte in der Tat einen Schlüssel, und ich habe ihn deshalb nicht bedauert.

Die Statistik zeigt, dass etwa dreißig Prozent aller Akademikerinnen heutzutage kinderlos bleiben. Entweder weil sie sich nicht zwischen Schreibtisch und Familie aufreiben möchten, nicht den richtigen Partner finden oder sie erst beruflich und privat ankommen wollten und darüber den Zeitpunkt verpasst haben. Wie sehen Sie diese Entwicklung?
Ich würde sagen: »Kinder, riskiert's doch ruhig!« Vorausgesetzt natürlich, sie wollen eine Familie. Es ergibt sich immer eine Möglichkeit, und Frauen haben schon unter größeren Schwierigkeiten Kinder bekommen. Aber das muss jede für sich selbst entscheiden, und wenn keine Babys mehr geboren werden, dann sterben wir Deutschen eben langsam aus. Das hat die Gesellschaft dann davon. Aber oft sind es ja die Männer, an denen es liegt, wenn Frauen keine Kinder in die Welt setzen, das sollte man nicht vergessen.

Zum Thema »Die Deutschen sterben aus« hat Frank Schirrmacher im Frühjahr 2006 einen Bestseller geschrieben.
Das ist nun wirklich nicht neu. Ich war mal zu einer Diskussionsrunde im Fernsehen eingeladen – das muss schon Jahr-

zehnte her sein – und da kam man auch wieder auf dieses Aussterbe-Szenario. Ich vertrat die Meinung, dass man sich deshalb doch nun wirklich keine Sorgen zu machen brauche, und wenn man bedenkt, was dieses Volk der Deutschen angerichtet hat, wäre es eigentlich nicht unbedingt schade darum. Außerdem fügte ich noch hinzu, dass es so viele hungernde Kinder auf dieser Welt gibt, um die man sich auch kümmern könnte. Damit kam ich dann in der *Bild*-Zeitung auf Seite eins: »Margarete Mitscherlich will, dass die Deutschen aussterben!« Aber so sind wir eben: Wir denken, unser Land sei das wichtigste auf dem ganzen Globus.

In seinem Buch stellt Schirrmacher die These auf, dass die Menschen mit zunehmender Kinderlosigkeit und dem langsamen Verschwinden der Familien die Bereitschaft zu Hingabe und Fürsorge verlören und die Gesellschaft immer egoistischer werde. Familien seien, so Schirrmacher, dagegen »Überlebensfabriken«.

Das ist doch Quatsch! In vielen Familien findet man weder Fürsorge noch Einfühlungsvermögen, da bekriegt man sich untereinander, anstatt sich gegenseitig zu unterstützen. Natürlich kann es durchaus angenehm und hilfreich sein, nicht völlig allein leben zu müssen. Das entspricht sicherlich sehr den menschlichen Bedürfnissen. Nur kommt es darauf an, welche Menschen da aufeinandertreffen. Wenn der Vater ein Schlägertyp ist oder einer, der glaubt, Männlichkeit manifestiere sich in Kommandieren und Egoismus, ist das von liebevoller Zuneigung sehr weit entfernt. Ist Herr Schirrmacher eigentlich verheiratet?

Geschieden, aber ich glaube, er hat eine Freundin.
Kinder?

Eins, soweit ich weiß.

Die Konstellation würde ich jetzt auch nicht unbedingt eine »Fabrik« nennen. Aber das sind natürlich Formulierungen und Thesen, mit denen er viel Erfolg hat.

Und Debatten lostritt.

Ja, das gelingt ihm immer wieder. Er ist ein erfolgreicher Journalist und kann Themen setzen, über die dann für eine gewisse Zeit diskutiert wird.

Tatsächlich zeigte die Diskussion wieder einmal deutlich, dass es in Deutschland offenbar nur eine massenwirksame Antwort auf den Geburtenrückgang gibt: Die Frauen sollen gefälligst mehr Kinder bekommen und sich weniger beruflich engagieren. Welche Rolle Männer, Politik und Gesellschaft in der ganzen Sache spielen, wurde relativ selten erwähnt.

Ja, warum macht ihr euren Mund denn nicht auf? Schreibt darüber!

Haben wir.

Macht damit weiter! Man kann sich nie genug darüber äußern. Es ist doch Unsinn, die Verantwortung für Kinder komplett den Frauen zuzuschieben. Sie müssen sie bekommen, klar, aber damit ist es doch nicht getan. Man kann nicht einfach nur Kinder wollen, sich dann zurücklehnen und sagen: »Mutti wird's schon richten.« Dafür müssen die Männer genauso geradestehen. Auch sie haben darum zu kämpfen, dass es hierzulande endlich mehr Unterbringungsmöglichkeiten für Kinder gibt, wie anderswo eben auch. Sie sollten ihren Frauen helfen, im Haushalt und bei der Erziehung gefälligst mit anpacken. Und es muss ein gesamtgesellschaftliches Anliegen sein, die Vereinbarkeit von Beruf und Familie zu unterstützen.

Warum haben Männer doch eher selten den Ehrgeiz, in der Familie genauso viel zu bringen wie im Job?
Fairerweise muss man sagen, dass sie schon einiges dazugelernt haben. Mein Vater wäre nie auf die Idee gekommen, sich wirklich an Kindererziehung und Haushalt zu beteiligen, und selbst die Männer meiner Generation hätten es noch als Schande empfunden, wenn sie einen Kinderwagen hätten schieben müssen. Wenn ich nur ein paar Jahrzehnte zurückdenke, wie selbstverständlich Männer die Familie den Frauen überließen. Das ist vorbei, das können sie gar nicht mehr. Wenn sie heute ihre Macho-Sprüche in der Öffentlichkeit loslassen, gibt es mittlerweile genug Leute, die ihnen den Mund verbieten. Diese etwas primitive Auffassung von Männlichkeit ist, Gott sei Dank, passé. Das sollte man nicht vergessen.

Familienministerin Ursula von der Leyen hat gegen starke Widerstände, auch aus eigenen Reihen, das Elterngeld durchgekämpft. Allerdings haben viele Politiker sehr allergisch auf die »Vätermonate« reagiert: »Wir lassen uns nicht an die Wiege zwingen«, hieß es da immer wieder.
Dass eine Politikerin, noch dazu eine konservative, die Forderung stellt, Männer sollen sich an der Kleinkinderziehung beteiligen, und sie sich damit auch noch durchsetzt, ist doch ein großer Fortschritt. Ich habe schon immer gewisse Vorurteile gegen die CDU und gegen Frau von der Leyens Vater, Ernst Albrecht, gehabt. Aber das sind, wie gesagt, Vorurteile. Die sollte man abbauen, und dass sie das so schlau macht, finde ich prima, das freut mich von Herzen. Früher gab es so etwas

nicht, und dass Männer mit ihrem Freiheitsbegriff argumentieren, sie nicht gezwungen werden wollen, überrascht mich nun nicht so sehr. Ich würde ihnen allerdings schon auch sagen: »Wenn ihr nicht gezwungen werden wollt, dann macht es doch endlich mal freiwillig!«

Ich fand das Argument »Zwang« doch sehr erstaunlich, um es mal vorsichtig auszudrücken. Nach unserer Freiheit oder unseren Zwängen fragt doch auch keiner.
Mich erstaunt vielmehr, dass Frau von der Leyen diese »Vätermonate« überhaupt durchsetzen konnte. Ich finde es schon phänomenal, dass die nicht sofort einen Revolver genommen und die Frau Minister erschossen haben. Aber Sie sind jung, für Sie sind solche großartigen Neuerungen nicht als großartig wahrnehmbar, sondern nur als noch nicht großartig genug.

Sie sind da wahrscheinlich schon etwas abgeklärter.
Ich habe einfach ganz andere Dinge erlebt. Ich weiß, dass sich sowohl ein Individuum als auch eine Gesellschaft nicht von heute auf morgen ändern lassen. Aber wo jahrhundertelang Stillstand war, ist durch langsame Infiltrierung innerhalb weniger Jahrzehnte vieles anders geworden, und das bewundere ich eben. Das kann ich auch mehr bewundern als Sie.

Fakt bleibt aber, dass mehr als die Hälfte der deutschen Familien in klassischer Rollenverteilung lebt, solange die Kinder jünger als sechs Jahre alt sind: Papa arbeitet, Mama bleibt daheim. Wenn ich das mit den Siebzigerjahren vergleiche, hat sich trotzdem schon einiges getan. Es ist ja nicht so, dass diese Frauen niemals berufstätig waren. Sie geben ihre Arbeit eine

Zeit lang auf und fangen dann wieder damit an. Aber wenn man diese Zahl so erschreckend findet, muss man sich eben dafür einsetzen, dass sich noch mehr verändert. Das wäre sehr viel effektiver, als sich nur darüber aufzuregen und ansonsten völlig passiv dazusitzen. Man kann immer etwas tun, es kostet eben nur Energie.

In Ihrem Buch *Die friedfertige Frau* haben Sie geschrieben, dass männliche und weibliche Eigenschaften nichts Naturgegebenes, sondern das Ergebnis von Erziehung seien. Da stellt sich natürlich die Frage, wie wir es schaffen können, Kinder jenseits tradierter Rollenvorstellungen zu erziehen.

Das schaffen Sie nicht voll und ganz. Die Kinder gehen ja auch in den Kindergarten, in die Schule, sie sind Teil einer Gesellschaft, die von Traditionen und Wertvorstellungen, von Rollenbildern, Religion, überhaupt einer Kultur und einem Zeitgeist geprägt ist. Davon können Sie ein Kind nicht abschneiden. Es sei denn, Sie lassen es wie Kaspar Hauser im Keller sitzen, aber das hat nicht gerade zu einem guten Ende geführt, wie man weiß. Jeder Mensch ist ein gesellschaftliches Wesen, und jeder muss sich in diese Gesellschaft auch irgendwie integrieren.

Das heißt also, wir kommen aus den Rollenmustern nicht raus, wenn sich nicht die ganze Gesellschaft ändert?

Aber sie ändert sich doch! In Deutschland langsamer als anderswo, ja, aber auch hier bewegt sich etwas. Ich würde sehr wohl behaupten, dass wir in einer Zeit leben, die eher weiblich, vom Über-Ich der Frauen geprägt ist. Die Fähigkeiten, zuzuhören, sich in andere einzufühlen, hilfsbereiter und nachgiebiger zu sein – Eigenschaften, die traditionell eher Frauen zugeschrieben werden –, haben heute einen viel höheren Wert als noch vor ein paar Jahrzehnten. Es geht liberaler zu, und Frauen haben mehr zu sagen. Das ist alles richtig, aber Männer und Frauen sind, Gott sei Dank, eben auch unterschiedlich. Alles andere wäre doch langweilig. Es gäbe keine Menschheit mehr, wenn es nicht diese unterschiedlichen Geschlechter gäbe, die einander befruchten. Und natürlich kann man als Frau im Sinne des Körperlichen eine Tochter besser verstehen als einen Sohn. Ich kann den männlichen Orgasmus nicht kapieren, weil ich nie einen gehabt habe. Ich weiß nicht, wie es ist, einen männlichen Körper zu haben. Aber ich weiß, wie sich Brüste anfühlen, wie sich eine Schwangerschaft, wie sich eine Geburt anfühlt. Freud hat nicht zu unrecht gesagt, dass das Ich vor allem ein Körper-Ich ist. Mädchen müssen Mädchen sein dürfen und Jungs eben Jungs. Jungs zu zwingen, mit Puppen zu spielen, ist doch Blödsinn! Frauen sollen nicht genauso wie Männer werden, und Männer nicht genauso wie Frauen, das funktioniert sowieso nicht. Man muss dahin kommen, dass das eine Geschlecht nicht benachteiligt wird und schlechter gestellt ist als das andere. Darum geht es, und ich finde, wir sind da immerhin auf einem guten Weg.

Sie haben vier Enkelkinder. Fragen die Sie eigentlich nach Ihrem Leben, nach Ihren Erfahrungen?
Wenn es sich ergab, habe ich ihnen selbstverständlich viel erzählt. Sie hatten Zeiten, in denen dieser Austausch sehr wichtig für sie war und sie mich eine Menge fragten: über die Vergangenheit, meine Mutter, die Nazizeit, das Leben als Studentin, die Beziehung zu Alexander. Und sie haben mir viel von ihren Sorgen erzählt, den Schwierigkeiten mit ihren

Freunden, den Lehrern oder ihren Eltern. Das ist mit der Großmutter ja manchmal viel einfacher. Mit der rivalisiert man eben nicht wie mit den Eltern, und ich muss nur nett zu ihnen sein, sie aber nicht erziehen. Nehmen Sie ruhig mal den Kalender von der Wand, dann können Sie Fotos von ihnen anschauen. Es sind sehr schöne Kinder.

Sind die Bilder in Griechenland aufgenommen?
Ja, als sie dort lebten. Eine meiner Enkelinnen hat mir den Kalender gebastelt. Und die Fotos da drüben, auf dem Fensterbrett, in dem Rahmen mit dem Herz dran: Das hat mir einer von den Jungs zum 88. Geburtstag geschenkt – vom Taschengeld gekauft.

Sprechen und sehen Sie Ihre Enkel regelmäßig?
Die sind jetzt alle vier in einem Alter, in dem sie mehr mit ihrem eigenen Leben beschäftigt sind. Mit meinem einen Enkel stand ich in regem E-Mail-Kontakt, als er für ein Jahr zum Schüleraustausch in Australien war. Er schreibt mir immer noch sehr liebevolle E-Mails, aber nun ist er achtzehn geworden und vor allem mit seinen Freunden zugange.

Schmerzt Sie das?
Sicher, das bleibt nicht aus. Aber so ist das Leben.

Es gibt einen unter jungen Leuten sehr populären Slogan: »Eigentlich wollten wir nie erwachsen werden.« Können Sie damit etwas anfangen?
Klar, mit zwölf habe ich zum lieben Gott gebetet: »Bitte, lass mich nie älter werden!« Ich wollte absolut nicht erwachsen werden.

Zwölf ist auch kein schlechtes Alter: Man ist nicht mehr so abhängig von den Eltern und versteht natürlich schon eine ganze Menge.

Und man kann lesen! Ich habe immer leidenschaftlich gern gelesen, ganze Nächte durch. Ich konnte auch mit sechs Bällen jonglieren. Eine schöne Sache, die sich dann irgendwann gegeben hat. Ich wusste einfach, dass diese wunderbare, spielerische Art des Lebens aufhört, wenn man erwachsen ist. Diese Phase dauerte, bis ich dreizehn oder vierzehn wurde, dann wollte ich wirklich sehr gern erwachsen werden und kein Kind mehr sein.

3. KAPITEL

Die »First Lady der deutschen Psychoanalyse«

»Man braucht nichts im Leben zu fürchten, man muss nur alles verstehen.«

MARIE CURIE

Frau Mitscherlich, Sie behandeln im Frankfurter Sigmund-Freud-Institut nach wie vor Patienten. Haben Sie mit Ihren nun beinahe neunzig Jahren nie daran gedacht, sich endgültig zur Ruhe zu setzen und Ihr Leben ohne berufliche Verpflichtungen zu genießen?

Nein, die Arbeit ist ein großes Stück meines Lebens. Für mich hat es da nie einen Unterschied gegeben. Allerdings möchte ich im Moment am liebsten nur so wenige Patienten wie möglich betreuen, weil ich auch noch an verschiedenen anderen Dingen interessiert bin, viel lesen und schreiben will. Das ist mir sehr wichtig, und dafür brauche ich Zeit. Aber dann kommen eben doch immer wieder alte Bekannte oder auch neue Patienten, die mit mir arbeiten möchten, was natürlich schön ist. Nur lange Analysen mache ich nicht mehr, eher Beratung oder auch Supervision für jüngere Kollegen.

Wie lange dauert denn eine lange Analyse: hundert, hundertfünfzig Stunden?

Eher fünfhundert.

Das ist allerdings beachtlich. Neulich habe ich Sie auch mal wieder in einer Fernsehtalkshow gesehen.

Wenn ich eingeladen werde und das Thema spannend ist, komme ich. Ich diskutiere ja gern. Ich halte auch Vorträge und gebe Interviews, sofern es mir Spaß macht. Ich tue möglichst nur noch, was mir Spaß macht.

Sind Sie denn jemals klassisch in Rente gegangen?

Mit fünfundsechzig bin ich ordnungsgemäß aus dem Sigmund-Freud-Institut ausgeschieden. Bis dahin war ich dort angestellt. Danach bekam ich ein Zimmer, das ich bezahlte, und zwischendurch hatte ich auch mal eine eigene Praxis. Mittlerweile bin ich aber wieder im Institut eingemietet, das finde ich viel praktischer. Es ist ja nicht weit von meiner Wohnung weg, da kann ich einfach rüberlaufen.

Man hat Sie mal die »First Lady der deutschen Psychoanalyse« genannt. Was war der Motor für diese Karriere?

Ich hatte eigentlich keinen besonderen beruflichen Erfolg oder eine Karriere. Ich bin einen relativ normalen Weg gegangen und habe mit Medizin ein Studium angefangen, das vielleicht nicht unbedingt meiner Neigung, aber meinem Realitätssinn entsprach. Ich war ja nie so ein ausnehmend guter, aufopfernder Mensch, der andere unbedingt von ihren Haut- oder Herzkrankheiten heilen wollte. Das war kein absolut dringendes Motiv. Ich interessierte mich viel mehr für Literatur und Philosophie, für Erkenntnisse über das Leben und welche verschiedenen Lebenswege es gibt. Deshalb habe ich 1937 in München zuerst Geschichte, Deutsch und Englisch studiert, aber schnell gemerkt, dass die philologischen Fächer absolut ideologisiert waren. Da saßen nur Nazis, und man lernte nichts, was für den Reichtum des inneren Lebens ein Gewinn gewesen wäre. Nur braun gefärbte Geschichte und Literatur. Dazu hatte ich keine Lust. Und weil mich Menschen schon immer interessiert haben, wechselte ich 1938, nach dem Tod meines Vaters, in die Medizin. Ich dachte, den menschlichen Körper können sie nicht braun färben, der Körper bleibt ewig, was er ist, und selbst unter Hitler funktioniert ein Herz so, wie es eben funktioniert. Dass ich später dann in die Psychoanalyse gegangen bin, hatte wieder mit meinen Neigungen zu tun: Da war die Psychologie, das Lesen, das Erkennen, wie man mit sich und anderen umgehen sollte, um ein einigermaßen gutes Leben zu führen.

Hatte Ihr Vater, der selbst Arzt war, auch etwas mit Ihrer Entscheidung für die Medizin zu tun?
Er hat schon immer wieder gesagt: »Wenn du studierst, dann wenigstens Medizin.« Aber das war nicht das eigentliche Motiv.

Wir möchten noch mal auf Ihre Aussage zurückkommen, Sie hätten keine Karriere gemacht.
Na ja, ich hatte nicht den Ehrgeiz, irgendwelche Positionen zu erringen. Nicht, weil ich ein besserer Mensch gewesen wäre, davon bin ich chemisch frei, es interessierte mich einfach nicht. Was ich wollte, war, in der Psychoanalyse alles zu wissen, was es zu wissen gibt, eine gute Psychoanalytikerin zu werden. Das habe ich mit großem Interesse angestrebt. Ich habe die Ausbildung teilweise in London gemacht und auch immer sehr gern engen Kontakt mit meinen internationalen Kollegen gepflegt, bin viel durch Europa und nach Nord- und Südamerika gereist. Eine Freundin sagte immer, ich sei »weltsüchtig«. Das stimmt, ich wollte die Welt und ihre Menschen kennenlernen, erfahren, wie es anderswo ist, nicht in der Enge bleiben. Das hatte sicher auch mit meiner Klaustrophobie zu tun, und im Krieg war man ja im höchsten Maße eingesperrt. Auf meinem Gebiet hatte ich dann irgendwann einen gewissen Bekanntheitsgrad. Wenn Sie das als Karriere bezeichnen wollen, bitte.

Sie haben immer wieder gesagt, die Psychoanalyse sei Ihr Weg zum Glück gewesen. Was fasziniert Sie so daran?

Glück bedeutet für mich, dass man von sich und anderen etwas versteht und die Realität erkennt. Die Psychoanalyse war für mich ein absoluter Eye-Opener, eine Möglichkeit, so etwas wie Wahrheit zu finden. Und die ist der Weg zu einem einigermaßen guten Leben. Von Theodor Adorno stammt der Ausspruch: »Es gibt kein richtiges Leben im falschen.«

Haben Philosophie und Psychologie aus Ihrer Sicht etwas miteinander zu tun?

Natürlich. In beidem geht es um die Suche nach Wahrheit, um die Erkenntnis des menschlichen Geists und der menschlichen Seele. Wobei die Philosophie, im Gegensatz zur Psychologie und insbesondere zur Psychoanalyse, nicht darauf aus ist, Kranke zu heilen. Während der Philosoph sich vielmehr mit der Gesamtsituation der Menschheit beschäftigt, versucht der Psychoanalytiker, den Einzelnen und seine inneren Konflikte zu verstehen, ihn mithilfe der psychoanalytischen Methode zu behandeln und wenn möglich von seinen Symptomen zu befreien. Die Psychoanalyse ist ja von ihrem Ursprung her eine medizinische Profession, eine Therapie neurotischer Erkrankungen. Sokrates hat wie der Psychoanalytiker mit den Leuten geredet und ihnen durch Fragen, Zuhören und Wiedergeben des Gehörten vermittelt, wie viele Vorurteile sie im Kopf haben und wie falsch sie oft denken, aber er war anders als Freud eben kein behandelnder Arzt.

Sie haben sich immer als Freudianerin bezeichnet. Was bedeutet Ihnen Freud?

Er hat mich und die Menschen überhaupt erst dazu gebracht, sich auf eine völlig neue Weise zu sehen. Die Art, mit sich selbst umzugehen, sich zu verstehen, hat Freud grundlegend verändert. Erst durch seine Arbeit haben wir die Möglichkeit, Unbewusstes bewusst zu machen, Verdrängungen aufzuheben, die Motive, die unserem Verhalten sowie die unbewussten Konflikte, die unseren Symptomen zugrunde liegen, hervorzuholen und über den Weg des Miteinandersprechens, der Deutung der Übertragung zwischen Analytiker und Patient zu verändern. Er hat seine Theorie bis an sein Lebensende erweitert, je nach den Erfahrungen, die hinzukamen. Außerdem hat er als Erster anerkannt, dass Frauen sexuelle Wesen sind und sexuelle Wünsche haben; das kann man gar nicht genug betonen. Das hat die Sicht auf Frauen und auch ihr Selbstverständnis tief greifend verändert. Interessanterweise hat sich Freud mit Sexualität beschäftigt, ohne in dieser Hinsicht selbst besonders getrieben zu sein. Er war verheiratet, hatte sechs Kinder, aber soviel ich über seine Biografie weiß, war er, was Sexualität betrifft, sehr zurückhaltend. Ich sehe ihn eher als sehr kontrollierten Menschen, der sich geistig und wissenschaftlich mit diesem Thema und seiner Bedeutung tief gehend auseinandersetzte, um sein Triebleben besser zu verstehen, es sich bewusster zu machen und dadurch zu größerer Geistigkeit fähig zu werden.

In der psychoanalytischen Terminologie nennt man das »Sublimierung«, nicht wahr?

Ganz genau. Die sexuelle Energie wird sozusagen auf einer geistigen oder künstlerischen Ebene in andere Leistungen umgesetzt. Das ist für manche Menschen viel lustvoller als der rein körperliche Sex an sich. Als kultivierter Mensch sollte man versuchen, seine Triebe unter Kontrolle zu bringen und sich nicht von ihnen beherrschen zu lassen.

War Freud eine Art geistiger Mentor für Sie?
Natürlich war er das, wenn auch auf andere Weise als meine Deutschlehrerin, damals am Oberlyzeum in Flensburg; ein Mensch, der bei mir im frühen Jugendalter ein Gefühl dafür erweckt hat, was im geistigen Leben wirklich Wert hat. Freud dagegen habe ich nie getroffen, er war schon tot, als ich begann, mich für Psychoanalyse zu interessieren. Er war kein Mensch aus Fleisch und Blut für mich, eher eine Anhäufung faszinierender Gedanken, die er hervorragend in Sprache umsetzen konnte. Ich kannte seine Bücher, sein Denken, das mir enorm geholfen hat. Dass man aktiv Erkenntnisse gewinnen kann, indem man mit jemandem in einen Dialog tritt, in eine von Freud geprägte Art der Interaktion, auch dieses Wissen verdanke ich ihm.

Empfinden Sie dann auch Genugtuung darüber, dass die Hirnforschung zumindest einige von Freuds Erkenntnissen zu bestätigen scheint?
Schon Freud wollte die Psychoanalyse verwissenschaftlichen, beziehungsweise sie als Wissenschaft begriffen wissen, aber die Forschung steht heute natürlich an einem ganz anderen Punkt und geht immer weiter. Nehmen wir nur die Physik: Man stößt in immer kleinere Einheiten vor, erst waren es die Atome, dann wurden die Quanten entdeckt. Mittlerweile hat man festgestellt, dass Gefühle, Gespräche und Auseinandersetzungen ein Gehirn verändern können, und das ist wirklich

hochinteressant. Es scheint so etwas wie das Missing Link zwischen psychoanalytischer Therapie und dem Verschwinden von Symptomen gefunden worden zu sein, nach dem vor allem Psychosomatiker lange gesucht haben. Trotzdem bleibt die Materie des Körpers, zum Beispiel eine Synapse, aus meiner Sicht eine recht primitive Sache im Vergleich zu den differenzierten Dingen, die in einem seelischen und geistigen Leben vor sich gehen. Zu glauben, dass alles in Veränderung von Materie abgebildet werden kann, ist für mich eine absurde Vorstellung.

Trotz aller Achtung vor Freuds Lebensleistung muss man auch sagen, dass er doch einige Thesen in die Welt gesetzt hat, an denen sich gerade Frauen zum Teil bis heute abarbeiten. Die Unterscheidung in vaginalen und klitoralen Orgasmus zum Beispiel. Freud behauptete ja, dass die Klitoris ein verkümmerter Phallus sei und es deshalb ein Zeichen biologischer und psychischer Reife ist, wenn sich Frauen, etwas leger ausgedrückt, nicht über ihr Penis-Restchen Befriedigung holen, sondern sich auf ihre Vagina konzentrieren. Eine für Männer, sexuell gesehen, ziemlich angenehme Auffassung.

Sicher, das wurde zeitweilig von Psychoanalytikern vertreten, wobei mittlerweile wissenschaftlich nachgewiesen ist, dass alle Föten in den ersten Wochen weiblich veranlagt sind und sich aus der Klitoris mithilfe männlicher Hormone tatsächlich Teile des männlichen Genitals bilden. So gesehen lag Freud mit seiner Theorie über die Bisexualität beider Geschlechter nicht falsch. Aber was wurde daraus gemacht! Vaginaler Orgasmus, klitoraler Orgasmus, welchen davon muss ich haben, um eine richtige Frau zu sein? Kompletter Blödsinn! Auch davon musste man sich wieder lösen.

**Das ist ganz stark Ihr Verdienst: Sie haben diese Entwicklungs-
geschichte in einem Aufsatz über weibliche Sexualität anders
gedeutet als Freud und gesagt, dass es eher anzunehmen sei,
dass der Penis eine vergrößerte Klitoris ist und der klitorale
Orgasmus, von dem Männer nun relativ wenig haben, eben sehr
wohl zur vollen sexuellen Befriedigung der Frau gehört.**
So ist es. Aber inzwischen gab es auch neue wissenschaftliche
Untersuchungen.

**Im Laufe Ihres Berufslebens haben Sie eine Reihe von Freuds
Thesen revidiert. War es eine Enttäuschung für Sie, wenn Sie
feststellen mussten, dass er, den Sie so bewundern, dem Sie so
viel verdanken, eben doch nicht mit allem recht hatte?**
Nein, und ob ich wirklich Neues beigetragen habe, bezweifle
ich. Ich habe Freud nie idealisiert, ihn nie als Gott gesehen.
Ich weiß, dass er ein Mensch seiner Zeit war und die damals
herrschenden bürgerlichen und vor allem patriarchalischen
Werte seine Ansichten tief geprägt haben. Ich lese gerade zum
zweiten Mal ein hochinteressantes Buch, *Zurück zu Freuds
Texten* von Ilse Grubrich-Simitis. Das zeigt sehr deutlich, wie
er durch die Arbeit mit Patientinnen und Patienten zu seinen
Erkenntnissen kam und wie genial er das alles auch beschrieben hat. Er war wirklich überzeugt davon, dass eine Frau nur
Erfüllung in der Liebe zu Mann und Kindern und im Familienleben findet. Auch hat er nicht erkannt, dass Frauen keineswegs von Natur aus bestimmte Neigungen zeigen oder
unterlegen sind, sondern von der Gesellschaft in diese Rolle
gedrängt werden. Aber solange er lebte, ist er immer offen für
jegliche neue Erfahrung gewesen und bereit, entsprechend
umzudenken. Er ist nie stehen geblieben, hat immer wieder
neu dazugelernt. Er hat stets gesagt, dass noch vieles unge-

klärt sei, und die Frau nannte er mal einen dunklen Kontinent, den es noch zu erforschen gilt. Niemals hat er behauptet, seine Ansichten seien die endgültige Wahrheit, und er stellte sich auch nicht als unfehlbar dar. Dafür bewundere ich ihn sehr.

Woher kommt Ihr besonderes Interesse an weiblicher Sexualität?

Das fasziniert doch wohl jede Frau! Die Literatur dreht sich weitgehend darum, unsere romantischen Vorstellungen, alles. Man fragt sich schon als Kind, was die Eltern da wohl miteinander machen, und man konnte sich kaum vorstellen, dass die so etwas Unanständiges tun. Zu meiner Zeit war Sex ja noch etwas höchst Unanständiges und Sündhaftes. Onanie? Furchtbar! Sex vor der Ehe? Unmöglich! Nein, das war alles sehr restriktiv und mit vielen Schuldgefühlen verbunden. Die differenzierte Auseinandersetzung mit Sexualität habe ich erst in der Psychoanalyse kennengelernt. Eine andere Sicht zu entwickeln und diese auch weiterzuvermitteln war schon sehr interessant.

Das offene Sprechen über dieses Thema hat zu Freuds Zeiten die Gesellschaft enorm schockiert. Haben Sie diese Erfahrung mit Ihrer Arbeit auch gemacht?

Ich weiß noch, dass ich bei einem Vortrag in Madrid das Wort »Penis« ausgesprochen habe. Das war am Ende der Franco-Zeit, und zahlreiche Leute haben daraufhin den Saal verlassen – Männer und Frauen. Später sagten mir meine spanischen Bekannten, dass dieses Wort für Spanier einfach zu schockierend gewesen sei. In Deutschland waren wir da schon ein Stück weiter und in der Psychoanalyse sowieso.

Wie empfanden Sie die Begegnung mit Anna Freud? Sie haben sie ja während Ihrer psychoanalytischen Ausbildung 1954 in London kennengelernt.

Ich habe sie, wie alle, als Freuds Tochter gesehen. Von ihr ging auch das Bedürfnis nach Wahrheit und Nüchternheit aus, das ich in Freuds Texten immer gespürt habe. Für mich war sie eine ungewöhnlich sympathische Person, die ich sehr verehrte und deren Arbeit ich schätzte. Sie hatte übrigens auch ein großes Interesse daran, dass Frauen anders zur Geltung kommen. Überhaupt fand ich es Anfang der Fünfzigerjahre fantastisch, in London zu sein, wo mehr oder weniger die psychoanalytischen Größen der damaligen Zeit lebten. Ich kam, glaube ich, als eine der Ersten aus der deutschen Szene dorthin und konnte alle Menschen treffen, von denen ich bis dahin nur gehört hatte. Damals lernte ich viel Neues, erfuhr vieles, auch über die Jahre vor und während des Krieges, als Berlin noch das psychoanalytische Zentrum gewesen war. Das war aufregend und natürlich auch einschüchternd. Ich fühlte mich manchmal durchaus klein und fremd, aber Anna Freud hat einmal in der Woche zu einem Jour fixe für die Ausländer, die zur Weiterbildung am Institut waren, eingeladen, um mit ihnen über ihre Arbeit und den Stand der Psychoanalyse zu diskutieren. Da saß sie dann auf dem Tisch und ließ die Beine baumeln. Ich habe sie nie wieder so frei und ungezwungen wie zu dieser Zeit erlebt. Später war sie viel beschwerter von der zunehmenden internationalen Last, den Reisen und Vorträgen, die als Erbin Freuds auf sie zukamen. Wenn ich heute Texte von ihr lese, *Das Ich und die Abwehrmechanismen* etwa, merke ich allerdings schon, dass das Ausarbeitungen dessen sind, was ihr Vater geschaffen hat. Sie war sozusagen die Verfeinerung, aber nicht auch nur annähernd so aufregend wie

Freud selbst. Die Begegnung mit seinem Denken empfinde ich als großen Gewinn, und ich muss sagen, dass ich mich ohne meinen Mann nicht so intensiv für seine Arbeit interessiert oder damals nach London hätte gehen können. Alexander war wahrlich kein einfacher Mensch mit seinen beiden Exfrauen und den vielen Kindern. Doch er war derjenige, der mir den für mich zentralen und wichtigsten Weg zum Erkennen meiner selbst und meiner Mitmenschen vermittelte.

Und was wäre gewesen, wenn Sie Alexander Mitscherlich nie getroffen hätten?
Eine nicht zu beantwortende Frage. Jedenfalls bin ich froh, dass ich ihm begegnet bin.

Sie sagten vorhin, dass Ihr oberstes Ziel gewesen sei, eine gute Psychoanalytikerin zu werden. Was macht eine gute Analytikerin aus?
Ebenfalls eine Frage, auf die es keine eindeutige Antwort gibt, die sich aber alle stellen, die in diesem Beruf arbeiten. Ich habe auch verschiedentlich darüber geschrieben. Ein guter Psychoanalytiker muss zuhören und sich einfühlen können, er muss sich selbst kennen und um die Motive seines Handelns und Verhaltens wissen. Er muss spüren, was der andere in ihn hineinprojiziert, erkennen, welche Gefühle dies bei ihm auslöst und welche Übertragungen er selbst vornimmt. All das muss reflektiert werden, in jedem Moment, quasi instinktiv. Als Psychoanalytiker ist man gewissermaßen in einer sehr passiven Rolle des Zuhörens, weshalb auch so viele Frauen, mehr als Männer, diesen Beruf ergriffen haben. Und er muss natürlich Verbindungen herstellen können zwischen Vergangenheit und Gegenwart, Erfahrung und Gefühl, zwischen dem Be-

wussten und dem Unbewussten, wenn er Deutungen geben will, wenn er herausfinden will, warum sich bestimmte Symptome zeigen, welche Konflikte auftauchen, welche Lösungen sich anbahnen und vieles mehr.

Können Sie uns dafür ein Beispiel geben?
Freud hat unter dem Titel *Der kleine Hans* eine Kinderanalyse beschrieben, in der es darum ging, dass ein kleiner Junge große Angst vor Pferden hatte. Freud kam zu dem Schluss, dass der Junge seine ödipalen Wünsche, also das Verlangen, mit der Mutter zu schlafen, aus Angst vor dem Vater verdrängt hatte und sich diese Angst auf Pferde verschob, die er unbewusst mit seinem bedrohlichen Vater identifizierte.

Freud hat sich intensiv mit der Deutung von Träumen beschäftigt. Arbeiten Sie auch damit?
Unbedingt! Das macht man immer. Träume sind klasse, eine hochinteressante Welt. Wenn ein Mensch schläft, ist er ja gewissermaßen wehrlos in seiner Unfähigkeit, sich zu bewegen. Das Bewusstsein kann nichts wegrücken, und die Träume schaffen Bilder für die Gefühle der Angst, Enttäuschung oder Wut und für die Wunscherfüllung, die im wachen Zustand nur schwer einen so originellen Ausdruck finden. Für Freud war der Traum der Königsweg zum Unbewussten. Später ging es dann auch darum, Übertragung und Gegenübertragung zu erkennen und damit zu arbeiten, aber der Traum ist in der Psychoanalyse immer wichtig geblieben. Wenn Sie mir einen erzählen, können wir es gern mal versuchen.

Gut: In meinem Traum von gestern Nacht hat mich ein großer schwarzer Hund angesprungen und nahm meine Hände ins

Maul. Er biss nicht zu, war aber kurz davor. Ich wollte nach der Besitzerin rufen, konnte es nur nicht artikulieren, und dann bin ich röchelnd und stöhnend aufgewacht, mit ganz heißen Händen. Was macht man jetzt mit so etwas?

Zunächst mal ist es schwierig und einseitig, manifeste Träume zu deuten, also das, was Sie schildern, eins zu eins zu übersetzen. Wir müssten klären, was Sie mit den Inhalten dieses Traums verbinden, was Ihnen spontan dazu einfällt: zu Hunden, zu Angst, zu Händen. Außerdem müssen wir uns mit den Tagesresten beschäftigen, herausfinden, was Sie am Tag erlebt haben, diese Erlebnisse arbeiten ja in Ihnen weiter. Das alles kann sehr tief gehen. Das muss man wollen.

Deuten Sie auch Ihre eigenen Träume?

Sicher, ich träume gern und fast jede Nacht. Ich bin eine gute Träumerin. Meistens kann ich sie auch ganz gut verstehen, und oft habe ich sie aufgeschrieben. Leider nicht immer, dafür bin ich morgens zu müde, aber ich finde es wunderbar, nach dem Aufwachen darüber nachzudenken.

Also beobachtet man sich als Psychoanalytikerin immer ein Stück weit selbst und wendet die Techniken auf sich an?

Selbstverständlich! Das ist aber kein Zwang, sondern die pure Lust. Ich möchte in dieser armseligen Welt, wo man so wenig von sich kapiert hat, gar nicht mehr leben.

Und im Umgang mit anderen? Schauen Sie da genauso durch die professionelle Brille?

Nichts liegt mir ferner! Das wurde meinem Mann und mir häufig unterstellt, aber wir konnten die Leute beruhigen: »Keine Sorge, das tun wir nur für Geld.« Es macht doch gewiss keinen Spaß, sich mit anderen zu unterhalten und dabei dauernd Analyse zu betreiben – auf die Idee kommt man im täglichen Leben gar nicht. Gut, wenn man mit jemandem einen Konflikt hat, setzt man sich schon mal in Ruhe eine Stunde hin und denkt darüber nach.

Zur psychoanalytischen Ausbildung gehört es auch, sich selbst analysieren zu lassen.

Ich habe drei Analysen gemacht. Zuerst bei Vilma Popescu in Stuttgart, Anfang der Fünfzigerjahre. Sie war eine sehr trostreiche Frau und ist später nach Kanada ausgewandert. Danach hatte ich noch eine bei einem väterlichen Freund von Alexander Mitscherlich. Allerdings kam es in dieser Zeit zu Auseinandersetzungen zwischen den beiden. Er rivalisierte mit Alexander, und das ging natürlich gar nicht. Es hat meine Analyse mit viel zu vielen persönlichen Gefühlen belastet, die den Prozess gewiss nicht gefördert haben. 1954 ging ich dann zu Michael Balint in London, wo ich sicher von allen meinen Analysen am meisten gelernt habe. Er stammte aus einem völlig anderen Milieu, war ein Ungar, der in England lebte, und sowohl intellektuell als auch menschlich ein absolut überlegener Mann, kreativ und produktiv, Autor vieler interessanter Bücher. Bei ihm hatte ich das Gefühl, jemanden gegenüber zu haben, der wirklich objektiv ist, wirklich versucht, mich mit mir zu konfrontieren. Das war nicht immer leicht zu schlucken, aber ich habe viel gelernt.

Kant sprach mal von der »Höllenfahrt der Selbsterkenntnis«. Wie war das bei Ihnen?

Schmerzhafte Erkenntnisse gab's genügend, aber ich wollte immer lieber sehen als blind sein, lieber die Realität kennen, als sie ständig abwehren zu müssen. Es war mir auch relativ früh klar, dass ich kein wahnsinnig toller Mensch bin, doch zu den banalen wollte ich auch nicht gehören. Lieber zu denen, die bereit sind, dazuzulernen. Dass ich allerdings d a s große Aha-Erlebnis in meinen Analysen gehabt hätte, das mich völlig über mich aufklärte, kann ich nicht behaupten. Das ist sowieso eher selten. Eher taten sich kleine und mittlere Erkenntnisse auf. Das geschieht ja immer wieder, bis zum Lebensende. Was das Familienleben in meiner Kindheit angeht, musste ich zum Glück nicht unendlich viele Leichen im Keller ausgraben. Da gab es eher das mehr oder weniger normale Unglück: Mein Vater hatte seine erste Frau verloren, meine Mutter ihren innigst geliebten Verlobten, sie gingen zwar freundlich miteinander um, aber mein Vater war sehr abhängig von meiner Mutter und das Zusammenleben sicher nicht immer ganz einfach. Bis zu meiner Analyse bei Michael Balint hatte ich allerdings nicht kapiert, dass ich durch das Schicksal meiner Mutter in Liebesdingen und in der Wahl meiner Männer sehr beeinflusst war. Erst da konnte ich die Zusammenhänge sehen, und ich habe verstanden, wie Anregungen bewusster oder unbewusster Natur dazu führen, dass man sein Leben auf eine bestimmte Weise gestaltet. Das hat mich nicht unmittelbar erschüttert, es war eher ein sich nach und nach bildendes Erkennen.

Wissen ist allerdings noch nicht Handeln, irgendwann muss man sein Verhalten entsprechend den neuen Erkenntnissen auch verändern.
Da haben Sie völlig recht, aber das geht eher im Verborgenen und langsam vor sich, und Sie bekommen nie die volle Kontrolle über Ihr Leben. Dieses »Ich habe es jetzt verstanden,

nun setze ich es um«: so läuft das nicht. Durch die Analyse werden Sie kein anderer Mensch. Sie lernen etwas über sich, lernen, mit sich und anderen besser umzugehen und sich selbst auch zu ertragen. Bei mir war es zum Beispiel meine Eifersucht, die ich mir lange nicht zugestehen konnte, und in dem Moment, wo ich sie mir nicht mehr so schrecklich übel genommen habe, fiel es mir leichter, damit klarzukommen. Ich habe auch kapiert, wenn ich anderen auf die Nerven gefallen bin und warum sie so und nicht anders auf mich reagierten. Es gab Situationen und Zeiten in meinem Leben, wo ich Angst hatte, in der Öffentlichkeit zu reden. Vor allem wenn ich dachte, die anderen wissen viel mehr als ich. In der Analyse habe ich gelernt, mich selbst etwas relativer zu sehen, zu begreifen, dass ich wirklich nicht so schrecklich wichtig bin und auch mal etwas Falsches äußern kann.

Sie arbeiten seit mehr als fünfzig Jahren mit Patienten. Haben sich die Probleme eigentlich im Laufe der Zeit verändert?
Individuen sind sehr unterschiedlich, aber übergeordnet kann man sagen, dass es in den meisten Fällen wesentlich um menschliche Beziehungen geht. Es kommen Menschen mit starken Ängsten, solche, die zwanghaft ordentlich oder gewissenhaft sind oder unter anderen Symptomen leiden, und eben sehr häufig Patienten, die immer wieder in zwischenmenschlichen Konflikten landen. Da kann die Analyse herauszufinden helfen, weswegen ihre Beziehungen immer den gleichen Verlauf nehmen. Sie können lernen, Distanz zu sich zu gewinnen und zu kapieren, was sie in andere projizieren und was andere auf sie projizieren. Sie können lernen, ihre Tendenz zur Selbstzerstörung zu erkennen und ihre unsinnigen Schuldgefühle loszuwerden.

Jemandem mit seiner Arbeit helfen zu können muss ein tolles Gefühl sein.

Sagen wir es mal so: Ich habe es immer interessant gefunden, Menschen von ihrer Befangenheit, ihren Einengungen oder auch zwanghaften Vorstellungen und Vorurteilen über sich und andere befreien zu können; sie, wenn es irgendwie geht, mit sich zu versöhnen, ohne dabei die Realität verleugnen zu müssen. Das tue ich nach wie vor gern. Doch dass ich nun wie eine Art Christus unbedingt jedem hätte helfen wollen und können – ich glaube, so weit gingen weder meine Menschenliebe noch mein Größenwahn. Wenn es sich ergab und sich jemand auch helfen ließ, war das natürlich sehr befriedigend, aber es kamen schon auch Patienten mit so starren Widerständen, bei denen es mir nicht gelang, sie davon zu befreien.

Die Gräuel der Nazizeit und die Schrecken des Krieges führten bei vielen Menschen zu psychischen Störungen, die allerdings lange nicht erkannt und behandelt wurden. Sind Patienten mit dieser Geschichte zu Ihnen gekommen?

Sicherlich, aber ein so richtig in der Wolle gefärbter Nazi ging nicht in Therapie, die Mitläufer wollten sich nicht wirklich damit beschäftigen und die Opfer nicht darüber sprechen. Zumindest sehr lange nicht.

Hätten Sie denn Täter in Analyse genommen?

Natürlich, wenn sie gekommen wären, unter ihren Taten gelitten hätten, dazu gestanden und bereit gewesen wären, sich damit auseinanderzusetzen. Doch einen Schreibtischtäter und Massenmörder wie Eichmann, der unter falschem Namen lebte und den ich aufgrund meiner Schweigepflicht hätte decken müssen? Nein, diese Verantwortung hätte ich nicht auf mich genommen.

Als Psychoanalytikerin steigt man ständig in die Untiefen der Seele hinab, erfährt viel von Schmerz und Leid. Wie gehen Sie damit um?
Als Chirurg müssen Sie ein Messer nehmen und in den lebendigen Leib schneiden. Sie sehen Blut und haben mit unglaublichem körperlichem Elend umzugehen, wenn Sie zum Beispiel wissen, dass jemand an seinem Krebs zugrunde gehen wird. Da können Sie nicht jede Minute mitleiden. Bei uns ist es genauso: Wir müssen lernen, Distanz zu halten. Das muss zur Selbstverständlichkeit werden. Wenn man die nicht hat, kann man weder Arzt noch Analytiker bleiben. Man muss sehen, was man bewirken und wie man helfen kann. Darum geht es. Ich glaube allerdings, dass von zu viel Mitleid noch keiner umgekommen ist. Für Männer ist es manchmal schwerer als für Frauen, neutral zu bleiben und ihre sexuelle Distanz zu wahren.

Die Beziehung zwischen Analytiker und Patient kann aber auch ohne sexuelle Verwicklungen schwierig werden, oder?
O ja, sehr sogar! Wenn man versucht, der inneren Realität nahezukommen, macht das den Menschen ja nicht immer glücklich. Konflikte, deren Ursachen, Verletzungen und vieles mehr anzusprechen verlangt viel Takt und kann dennoch große Widerstände hervorrufen. Es kann durchaus passieren, dass ein Patient aggressiv wird, versucht, Schwächen des Analytikers herauszufinden, was ihm gut gelingen mag, und keine besonders angenehmen Dinge sagt: »Sie verstehen mich nicht, Sie riechen schlecht, Sie sind unfähig, mir zu helfen, Sie mö-

gen mich nicht …« Alles ist möglich. Auch wenn die Analyse endet, kann es kompliziert werden. Natürlich wissen die Patienten von Anfang an, dass man sich wieder trennen muss. Das vereinbart man meist gemeinsam, aber wenn es dann so weit ist, erleben manche Patienten das zuweilen als Zurückweisung und reagieren entsprechend.

Sie müssen als Analytikerin also immer damit rechnen, persönlich angegriffen zu werden?
Aber absolut, ich bitte Sie! Und diese Attacken muss man aushalten. Das lernt man in den ersten Jahren der Ausbildung. Außerdem sind das Interaktionen, die man auch für den Prozess der Analyse nutzt.

Heißt das, dass eine bestimmte Reaktion weniger mit Ihnen zu tun hat, sondern der Patient etwa Aggressionen auf Sie überträgt, die eigentlich seiner Mutter gelten?
Zum Beispiel, aber andererseits muss man überlegen, ob und inwieweit der Patient recht hat. Und gnade Ihnen Gott, wenn Sie gleich auf Mutter oder Vater kommen! Das tut man als Anfänger gern, und das ist das Billigste, was Sie machen können, denn der Patient kapiert sofort: »Aha, Sie wollen nur von sich selbst ablenken …«

Gibt es etwas, das Sie trotz Ihrer langen Erfahrung immer noch verletzen könnte?
Natürlich, doch je älter ich werde, umso seltener kommt das vor. Man muss sich überlegen, warum einen etwas so berührt, was in diesem Moment tatsächlich passiert. Jeder Mensch, auch ein Analytiker, zeigt schließlich auch mal mangelndes Einfühlungsvermögen, und es gibt durchaus Situationen – ich

sagte es schon – in denen der Patient recht hat, in denen man etwas abgewehrt hat, statt sich damit auseinanderzusetzen.

Haben Sie aus den Biografien und Entwicklungsprozessen Ihrer Patienten auch etwas für Ihr eigenes Leben gelernt?
Natürlich gibt es eine gewisse Universalität, was grundlegende Konflikte und ihre Manifestationen in Form von Neurosen und Symptomen angeht; die psychoanalytische Theorie beruht auf Erfahrungen mit Patienten. Dennoch lernt man von individuellen Patienten auch stets dazu: Jedes Leben ist einmalig, und welche Folgerungen ein Mensch aus seinen Erfahrungen zieht, ist denkbar unterschiedlich und so gut wie nie vorhersehbar.

Trotz aller Begeisterung für Ihr Fach: Gab es Momente, in denen Sie an der Methode gezweifelt haben?
Klar, man kann die Psychoanalyse nicht bei jedem gleichermaßen anwenden. Bei Psychosen, Depressionen oder schweren Traumata muss man in der Regel spezielle Therapien anwenden. Es gibt Psychoanalytiker, gleichzeitig auch meist sehr erfahrene Psychiater, die eine besondere Begabung im Umgang mit Psychotikern haben und sich hauptsächlich mit Menschen beschäftigen, die an dieser Krankheit leiden, aber für mich ist das nichts. Solche Patienten zu erreichen fällt mir sehr schwer, leider.

Der Psychoanalyse wird häufig vorgeworfen, sie nehme Menschen aus der Verantwortung, indem sie sich zu sehr auf die Prägung des Kindes durch die Eltern konzentriert. Wie sehen Sie das?
Diese frühe Prägung findet statt! Das Über-Ich, also das, was man Gewissen nennt, entsteht erst durch die Verinnerlichung

von Geboten und Verboten der Eltern. Das, was sie uns bewusst oder unbewusst mitgeben, hat auf unser Verhalten, unsere Entscheidungen, die Art und Weise, wie wir fühlen, wie wir uns selbst und die Welt sehen, großen Einfluss. Wobei, ich sagte es an anderer Stelle schon, selbst Geschwister ihre Eltern auf denkbar unterschiedliche Weise erleben: Das reale Verhalten von Mutter und Vater ist das eine, die Fantasie des Kindes, wie es seine Eltern interpretiert, das andere. Später kommen andere Vorbildfiguren dazu: Lehrer, Freunde, die Eltern der Freunde, die ganze Gesellschaft, in der wir leben. Wenn man einen Menschen verstehen will, muss man sich mit diesen Prägungen, mit dem, was er verinnerlicht hat, auseinandersetzen. Aber nicht, um Verantwortung abzuschieben, sondern um jemandem die Möglichkeit zu geben, zu erkennen, was in ihm wirkt, wie er äußere von innerer Realität zu unterscheiden lernt. Erst wenn er das weiß, ist er in der Lage, realitätsgerechte Urteile zu fällen und sich von Projektionen zu lösen. So gesehen ist die Psychoanalyse ein Weg, endlich erwachsen zu werden und diese Kindernummer aufzugeben, bei der immer nur die Eltern schuld sind und die Erwachsenen bis ans Lebensende für das eigene Wohlergehen verantwortlich bleiben.

Wie viel kann man überhaupt von dem Ballast loswerden, den wir durch unsere Erziehung mitbekommen haben?
Sehr viel, wenn man sich darum bemüht. Doch Erziehung ist ja keineswegs nur ein Ballast, sondern auch ein großer Gewinn. Erziehung bedeutet auch Kultur und differenzierten Umgang von Menschen miteinander.

Die Psychoanalyse bleibt umstritten. Sie gilt mit Theorien wie etwa dem Penisneid als frauenfeindlich, insgesamt zu vergangenheitsbezogen und auch zu langwierig. Schmerzen Sie solche Angriffe?

Zu Beginn meiner Ausbildung hat es mir sehr wehgetan. Da habe ich mich ständig zu großen Verteidigungsreden aufgeschwungen. Doch je länger ich dabei war, je mehr ich wusste, was man damit erreichen kann oder eben auch nicht, umso weniger hat mich diese Kritik berührt. Sie ist ja auch keineswegs immer falsch. Es existieren unendlich viele Überzeugungen innerhalb der Psychoanalyse, und es kommen immer wieder neue Erkenntnisse und Theorien dazu. Es geht nun mal um Menschen, und die sind bekanntlich überaus vielfältige und komplizierte Wesen. Da ist es nicht erstaunlich, dass es so viele unterschiedliche Strömungen gibt. Die Lacan'sche Richtung etwa, die stark mit der Wissenschaft von der Sprache und deren Beziehung zum Unbewussten arbeitet, wird von anders orientierten Psychoanalytikern, zum Beispiel den Kleinianern, eher abgelehnt, weil diese sich vor allem auf die ersten Kinderjahre und deren Wirkung auf das spätere Leben konzentrieren. Es gibt die sogenannten Objektbeziehungstheoretiker und Kohut mit seiner Narzissmustheorie. In Südamerika und England sind der Melanie Klein'sche und der Bion'sche Ansatz sehr verbreitet. Aber das ist ein weites Feld, würde Fontane sagen, und das kompetent zu beackern fühle ich mich nicht in der Lage.

Ich habe gelesen, dass Sie mit mancher dieser Theorien nicht so viel anfangen können.

Ich bin in der Tat keine Kleinianerin, obwohl so gut wie jeder Analytiker sich ihre Erkenntnisse über die frühkindliche Fantasiewelt zunutze gemacht hat. Sie behauptete, ihre Methode ganz auf Freud aufzubauen, was er sicher nicht so sah. Ihr Ansatz konzentriert sich auf die ersten Lebensjahre, sie behandelte Kinder diesen Alters, während Freud zwar Hypothesen über die frühen Jahre aufstellte, aber mit seiner Arbeit dort begann, wo Kinder mit Sprache zu erreichen waren. Die Psychoanalyse lebt ja im Grunde vom Sprechen. Ich kannte Melanie Klein aus London, schätzte auch ihre Seminare, weil sie aufregende Ideen hatte, die einem Aha-Erlebnisse vermitteln konnten. Trotzdem: Wenn man sich mit den ersten Lebensjahren beschäftigt, die nun eben noch jenseits der Fähigkeit zur Verbalisierung liegen, halten sich die Deutungen zwangsläufig eher an Fantasien darüber, was in den Kindern vor sich geht, als an direkte Mitteilungen. Kleinianer machen sehr lange Analysen, damit die Patienten lernen, sich dieser frühen Phasen zu erinnern, was natürlich zu starken Abhängigkeitsbeziehungen führt. Das halte ich für nicht ungefährlich.

Als Außenstehender würde man diese Vielfältigkeit und theoretischen Differenzen innerhalb der Psychoanalyse nicht unbedingt vermuten. Man hat eher das Bild von einem eingeschworenen, quasireligiösen Club, in dem Kritik verpönt ist.
Na ja, sobald sie von außen angegriffen werden, tun sie sich schon zusammen und verteidigen sich – wie jede Gruppe, die ein bestimmtes Wissen teilt. Aber untereinander werden ziemlich viele Fehden ausgekämpft. Wenn Menschen, die immer so genau hinschauen, alles so genau wissen wollen, Auseinandersetzungen haben, wird es schnell hart und schmerzhaft. Als ich damals zur Ausbildung in London war, gab es die A-Group, also Melanie Klein, die B-Group um Anna Freud und die Middle-Group, zu der auch mein Lehranalytiker Mi-

chael Balint gehörte, und man musste sich für eine davon entscheiden. Besonders zwischen Melanie Klein und Anna Freud
gab es sehr viel Rivalität. Melanie Klein galt als die eigentliche
Herrscherin der Szene. Sie war ja schon Ende der Zwanzigerjahre nach London gekommen, viel früher als Sigmund und
Anna Freud, und Ironiker behaupteten, dass Melanie Klein
weniger Angst vor der Invasion der Deutschen hatte als vor
der der Wiener Psychoanalytiker.

Für welche Gruppe haben Sie sich entschieden?
Als Ausländerin konnte ich alle besuchen, aber furchtbar gern
gesehen wurde es nicht.

**Gab es zwischen Ihnen und Ihrem Mann Konkurrenz? Sie waren
ja nicht nur eine Lebens-, sondern auch eine Denkgemeinschaft
und haben eng zusammengearbeitet: ab 1951 in der Psychosomatischen Klinik in Heidelberg, die Ihr Mann leitete, in den
Sechzigerjahren dann am Sigmund-Freud-Institut in Frankfurt
und natürlich bei Ihren gemeinsamen Büchern.**
Ich habe immer sehr gut ohne ihn denken können und er
ohne mich. Wir dachten in vielem auch unterschiedlich. Zum
Glück, sonst wäre es ja langweilig gewesen, und natürlich
standen wir in gewisser Weise in Konkurrenz miteinander –
keiner bitteren, eher einer lustvollen. In Diskussionen, zu zweit
oder in der Gruppe, haben wir oft versucht, unterschiedliche
Positionen zu vertreten. Aber ich habe mich immer über seine
Erfolge freuen können, gleichwohl mir stets bewusst war, dass
es sich um seine handelte, nicht meine. Ich habe es meistens
genossen, seine Frau zu sein, mich allerdings nie als Gattin
eines berühmten Mannes verstanden. Eine »Frau Professor«
zu sein, nur weil der Mann diesen Titel trägt? Sich auf so pri-

Margarete und Alexander Mitscherlich bei einer Konferenz (im Hintergrund)

mitive Weise lächerlich zu machen, darauf fällt eine emanzipierte Frau unserer Tage ja so leicht nicht mehr herein.

Hat er Ihnen Ihre Erfolge gegönnt? Männer tun sich ja manchmal etwas schwer mit starken Frauen.

Immer! Er hat mich stets als eigenständig denkenden, intelligenten Menschen anerkannt. Nur zum Schluss, als es ihm nicht mehr gut ging und ich dann in den Siebzigerjahren sehr aktiv in der Frauenbewegung wurde, viele Vorträge hielt und an Diskussionen teilnahm, hat er schon mal geklagt, dass man ihm seine Frau wegnehmen wolle.

Sie hatten beide einen sehr fordernden Beruf, ein Kind, ein Zuhause, in dem viele Besucher ein und aus gingen. Hat Alexander Mitscherlich da mit angepackt?

Er hat jeden Abend abgewaschen, weil er es im Gegensatz zu mir nicht aushalten konnte, morgens in die unaufgeräumte Küche zu kommen. Ich bin ja leider ein ziemlich unordentlicher Mensch und in dieser Hinsicht von zu Hause aus recht verwöhnt. Da musste er doch einiges ertragen. Unser Sohn trocknete ab, und ich räumte das Geschirr weg. Außerdem hatten wir noch unsere Haushälterin, Fräulein Weber. Sie war schon vor unserer Heirat bei uns gewesen und vertrug sich mit meiner Mutter besonders gut. Sie wohnte in einem Zimmer in der Nähe, war tagsüber bei uns und kümmerte sich auch um unseren Sohn, als mein Mann und ich in London waren. Das war alles ganz gut eingespielt. Und wenn Gäste kamen, briet Alexander die Steaks, und alle lobten ihn für seine Kochkunst, weil das Fleisch genau richtig war, noch ein bisschen rosa innen. Unser Sohn sagte dann immer: »Mutti hat alles vorbereitet, und Vati schmeißt das nur in die Pfanne und wird dann auch noch dafür bewundert.« Darüber konnte mein Mann herzlich lachen.

Hatten Sie auch in Ihrer Zusammenarbeit eine Aufgaben- oder Rollenverteilung?

Nicht bewusst. Jeder hat das gemacht, was er am liebsten mochte und was schlicht zu tun war. Ich habe mich intensiv mit der Klinik, der Therapie und Ausbildung beschäftigt, er hatte als Leiter, vor allem später am Sigmund-Freud-Institut, viel Organisatorisches zu erledigen, Kontakte zu pflegen und vieles mehr. Er war stärker an Soziologie, Politik, Städtebau und gesellschaftlichen Problemen interessiert als ich.

Zwar hat er mich zur Psychoanalyse gebracht, aber in die sogenannte »Bewegung« war ich dann involvierter. Manchmal hat er mir auch vorgeworfen, dass ich daraus eine Art Religion gemacht hätte, was zu einer gewissen Zeit sogar stimmte. Ich denke, wir haben uns gegenseitig viel geholfen und bereichert. Dass wir uns in unterschiedlichen Gebieten zu Hause fühlten, schloss ja nicht aus, dass wir auch gemeinsam arbeiteten. Im Gegenteil: Das klappte immer sehr gut. Auch in Heidelberg an der Psychosomatischen Klinik. Wenn die Frau des Chefs dessen Mitarbeiter ausbildet, was auch beinhaltete, sie zu analysieren, hätte das viele Schwierigkeiten geben können. Faktisch haben wir das, glaube ich, ganz gut gemeistert.

Ihr großes gemeinsames Anliegen war die Aufarbeitung der Nazizeit, also eine Brücke zwischen Psychoanalyse und Gesellschaftskritik zu schlagen. Wie kam das?
Die Erfahrung des Krieges und das Leben in Hitler-Deutschland, dieses ganze fürchterliche Elend, hat uns beide tief geprägt. Damit haben wir uns sehr auseinandergesetzt und auch schon während der Heidelberger Zeit in den Fünfzigerjahren versucht, mit den Menschen, die in die Klinik kamen, Gespräche darüber zu führen. Diejenigen, die zumindest ein ambivalentes Verhältnis dazu hatten, griffen das Thema auch auf, aber insgesamt gab es große Berührungsängste mit der Nazizeit. Die Menschen wollten nicht darüber nachdenken, sie haben verleugnet, was geschehen war, oder Entschuldigungen dafür gefunden. Nach dem Krieg hatte man sogar den Eindruck, niemand wäre je Nazi gewesen. Ignaz Bubis sagte mal, dass es gar nicht so viele Juden in Deutschland gegeben habe, wie versteckt worden seien.

Warum wurde die Nazizeit so massiv verdrängt?

Hitler-Deutschland war eine Diktatur, und als sie sich festigte, immer rücksichtsloser und krimineller wurde, war es zunehmend schwer, sich dagegen zu wehren. Aber wenn die Mehrheit kapiert hätte, was ihr blüht, und die bisher gültige Moral und Ethik verteidigt hätte, wäre Widerstand möglich gewesen. Aber sie verleugnete, was geschah, wollte offenbar die Realität nicht sehen, hat dann dem Krieg mehr oder weniger begeistert zugestimmt und ihren Führer, diesen ressentimentgeladenen Verlierer, zum Gott gemacht; im Kindergarten beteten die Kinder zum Gott Hitler. Und dann standen die Menschen im Mai 1945 in jeder Hinsicht auf Trümmern: Europa lag in Schutt und Asche, die Väter und Söhne waren gefallen oder in Gefangenschaft geraten, dazu die Erkenntnis der schrecklichen Schuld, als die Bevölkerung von den Alliierten landstrichweise gezwungen wurde, die Leichenberge und verkohlten menschlichen Überreste in den KZs anzusehen. Das Ideal der Führer, ein perverses Wertesystem, für das man quasi über Nacht Recht und Anstand aufgegeben hatte, lag endgültig am Boden. Für die meisten kam das sehr plötzlich, viele glaubten noch im April 1945 an den Endsieg. Dass ein Volk, will es nicht Massenselbstmord begehen, angesichts dieser furchtbaren Schuld und dieses Elends nichts anderes tun kann, als sich taub, blind und stumm zu stellen, ist sogar nachvollziehbar. Ich weiß bis heute nicht, wie die Deutschen in ihrer Mehrheit zu diesem Zeitpunkt, nach Kriegsende, anders hätten reagieren sollen. Doch das Verdrängen ging immer weiter. Bis in die Sechzigerjahre gab es in Deutschland keine wirkliche Bereitschaft, sich mit dieser Vergangenheit auseinanderzusetzen.

Wie haben Sie die Menschen damals erlebt?

Als ich 1951 nach Heidelberg zurückkam, konnte ich wenig Veränderung feststellen. Der Krieg war verloren gegangen, darüber schwieg man. Die Stadt war nicht bombardiert worden und schien mir ziemlich spießig und pseudoheil, die Professoren saßen in ihren alten Positionen, redeten genauso wie früher – nur waren sie nie Nazis gewesen. Den Vernünftigen war natürlich klar, dass man nichts ändern kann, wenn man nicht versteht, wie es zur Katastrophe kommen konnte. Verdrängung der Geschichte, Verleugnung der Realität führt ins Nichts; es entsteht eine Schein-Wirklichkeit, die zwangsläufig zusammenbrechen muss.

1967 veröffentlichten Sie und Alexander Mitscherlich Ihr weltweit bekanntes Buch *Die Unfähigkeit zu trauern*, in dem Sie diese Verdrängungsprozesse und die Folgen aufgearbeitet und erklärt haben. Hat sich Ihr Leben durch diesen Bestseller und die damit verbundene Prominenz verändert?

Mein Mann war außerhalb der psychoanalytischen Szene schon vorher durch seine Berichte über die Nürnberger Prozesse, *Medizin ohne Menschlichkeit*, und sein Buch *Auf dem Weg zur vaterlosen Gesellschaft* sehr bekannt. Für mich kam das in der Tat erst durch diese Publikation. Einzelne Aufsätze wurden ja schon früher veröffentlicht, nur wurden sie in Buchform natürlich mehr gelesen und erzeugten größere Aufmerksamkeit. Aber dass das nun mein Leben besonders verändert hätte? Ich wüsste nicht, wie. Vielleicht wurde ich häufiger zu Diskussionen eingeladen, zum Beispiel zum Start der Fernsehserie *Holocaust*, die damals viel Aufsehen erregte.

Mit diesem Buch haben Sie den Deutschen einen Spiegel vorgehalten, und wie Sie vorhin sagten, macht es Menschen nicht immer glücklich, wenn man versucht, ihrer verdrängten inneren und äußeren Realität nahezukommen. Wurden Sie angefeindet?

Wir bekamen Hass- und Drohbriefe, ja, aber auch viele positive Reaktionen. Das Thema passte einfach gut in die Zeit der Achtundsechziger-Bewegung, die die Vätergeneration angriff, und des Vietnamkriegs, der besonders die Jugend politisch sensibilisierte. Und dann kam auch noch die Diskussion darüber auf, ob Mord, und damit auch die KZ-Morde, verjähren sollten.

Haben Sie eine Idee, was aus Deutschland geworden wäre, wenn diese Auseinandersetzung mit der Nazizeit letztlich nicht stattgefunden hätte?

Nein, und dass sie stattfand, empfinde ich als große Erleichterung, ja, als eine Art Glücksgefühl. Zu verstehen, wirklich zu begreifen, wie Moral und Ethik in kürzester Zeit einer Mentalität weicht, die Unmenschlichkeit und Rechtlosigkeit – wie selbstverständlich – hinnimmt, ja, unterstützt, war für die seelische und geistige Gesundung der Deutschen absolut notwendig.

Das Buch *Ganz normale Männer* beschreibt auf sehr spannende Weise die Geschichte eines Bataillons der Hamburger Polizeireserve, das nach Polen geschickt wurde, um in den Dörfern Juden aufzuspüren, die dann entweder in KZs gebracht oder sofort erschossen werden sollten. Der erste Einsatz war noch ein Schock für diese Männer, aber nach und nach wurde das Quälen und Morden immer leichter, fast schon »normal«. Wie können

Sie also so sicher sein, dass so etwas nie wieder passieren kann? Offensichtlich steckt es in uns, und die Jahre unter Hitler haben gezeigt, dass aus Menschen mitleidlose, unvorstellbar grausame Mordmaschinen werden können.

Niemand kann sich absolut sicher sein, doch ich hoffe sehr, dass sich die Deutschen tatsächlich immer ihrer Vergangenheit erinnern werden, es immer Menschen geben wird, die sofort reagieren, wenn sich etwas Ähnliches wieder anbahnen sollte. Auschwitz war ein Schock für die ganze Welt, das kann nicht vergessen werden. Zumindest nicht in Deutschland, aber wer weiß …

Macht es Ihnen keine Angst, wenn Sie in der Zeitung lesen, dass Neonazis Ausländer und Homosexuelle überfallen oder sogar totschlagen und Gewalttaten mit rechtsextremem Hintergrund vor allem im Osten zunehmen?

Das ist grauenvoll, und ich hoffe, dass man diese gewalttätigen Neonazis erfolgreich bekämpfen wird. Doch in der heutigen Welt haben sie zumindest machtpolitisch keine Chance.

Allerdings haben die Nazis in den Dreißigerjahren auch klein angefangen, und im Übrigen ziehen rechte Parteien sogar in Landtage ein.

Die heutige Situation unterscheidet sich grundlegend von der damaligen. Der Erste Weltkrieg war verloren, was viele nicht wahrhaben wollten; man sprach von der »Dolchstoßlegende« und dem »Schandvertrag von Versailles«. Deutschland wurde eine Republik und zum ersten Mal auch eine Demokratie, mit der man aber nicht umzugehen gelernt hatte. Es folgte eine Diktatur, geführt von unberechenbaren, fanatisierten, völlig skrupellosen »Verlierern«, die zudem – in der damaligen verwirrten Zeit – legal an die Macht gekommen waren und ohne Bedenken töteten, wer ihnen im Weg stand. Das ganze System war in seiner ganzen hemmungslosen Gewalttätigkeit ungeheuer klug durchorganisiert: An jeder Ecke gab es einen kleinen Führer, die Gruppenleiter, die Blockwarte, die aufpassten, und ein falsches Wort reichte, um ins Lager zu kommen oder, dann während des Krieges, gehängt zu werden. Sie dürfen ja nicht vergessen, dass das Gros der Deutschen hinter Hitler stand – umso mehr, je erfolgreicher er wurde. Hitler war Gott, der gute Vater, der alle retten und zum Endsieg führen würde. Für Hitler opferten sie ihre Kinder, schickten sie wie Schafe auf die Schlachtbank, im Glauben an das große Deutsche Reich und den großen, gottgleichen Führer. Gleichzeitig ging das normale Leben in dieser Mordgesellschaft bis und weitgehend auch noch während des Krieges weiter: Man bekam Kinder, ging seiner Arbeit nach, lernte in der Schule Mathematik und Sprachen, genau wie vorher auch. Die absolute Perversion. Die Situation heute ist eine ganz andere: Deutschland hat eindeutig verstanden, dass es den Krieg verloren hat, ist kein isoliertes Land wie nach dem Ersten Weltkrieg, der die Urkatastrophe Europas war, sondern als Teil dieses Kontinents akzeptiert und respektiert. Heute würde sich ganz Europa gegen Nazis wie Hitler und Konsorten erheben, was damals leider nur mit Verzögerung der Fall war. Nein, zumindest in absehbarer Zeit kann das nicht wieder passieren.

Also gehört Deutschland für Sie nicht auf die Couch?
Das kann nie schaden, aber dieses Land ist zumindest erwachsener geworden, und das war höchste Zeit. Ein Land muss die Erwachsenenposition einnehmen und darf nicht irgendwelche infantilen, psychotischen Größenwahnsinnsfantasien

ausleben. Wo das endet, haben wir ja erfahren. Wir sind eine Demokratie geworden, sind für uns selbst verantwortlich, haben die Gleichberechtigung der Frau anerkannt, auch wenn wir da in vielem noch hinterherhinken. Wenn der iranische Präsident sagt, Auschwitz sei eine Lüge und Israel müsse vernichtet werden, rufen wir nicht: »Ach, endlich sieht jemand, dass wir total unschuldig sind und Israel wirklich völlig unnütz ist; soll es doch von der Landkarte verschwinden!« Nein, mit so einem Staatsoberhaupt wollen wir politisch nichts zu tun haben. Ich bin so unendlich dankbar, dass ich diese sechzig Jahre Frieden erleben durfte, dass ich in einem Land leben kann, das gelernt hat, Demokratie wirklich zu praktizieren. Das finde ich wunderbar!

In Deutschland hat man seit Jahrzehnten nicht mehr so viele Fahnen gesehen wie jetzt bei der Fußball-WM 2006, und die Nationalhymne wird mit einer bisher ungekannten Inbrunst und Selbstverständlichkeit geschmettert. Wie finden Sie diesen neuen Patriotismus?
Der Iraner um die Ecke, bei dem ich oft einkaufe, hat auch schwarz-rot-gold dekoriert – die Farben der Revolution von 1848 übrigens. Als ich mich mit ihm darüber unterhalten habe, erzählte er, dass er schon seit zwanzig Jahren hier lebt, die deutsche Politik viel besser findet als die iranische. Ich denke, wir können ziemlich zufrieden sein mit diesem Land, glücklich darüber, an welchem Punkt wir uns heute, im sechsten Jahrzehnt nach dem Krieg, befinden. Wir sind integriert in die Weltgemeinschaft und ein konstruktives Mitglied Europas. Wenn ich heute hinter Deutschland stehe, beruht das auf meinem Realitätssinn, der mir sagt, dass Deutschland eine stabile Demokratie geworden ist.

Das Wort »stolz« bekommen Sie aber trotzdem nicht über die Lippen.

Dummheit und Stolz wachsen auf einem Holz! Und wenn ich eins nie sein wollte, dann dumm. Nicht nur im intellektuellen, sondern auch und vor allem nicht im menschlichen und emotionalen Sinne.

Und wie sieht es mit den USA aus? Wenn man die amerikanische Außenpolitik verfolgt, hat man den starken Eindruck, dass es zumindest unter den Konservativen die Haltung gibt, die Welt am amerikanischen Wesen genesen zu lassen.

Die haben genügend eigene Psychoanalytiker, darum muss ich mich nicht kümmern. Gott sei Dank! Sicher, das ist eine Politik, die außerhalb Amerikas vielleicht nur wenige unterstützen. Aber nebenbei bemerkt: Amerika ist eine Demokratie und war damit deutlich schneller als wir. Die haben sich nicht jahrhundertelang mit diesem ganzen Adelsquatsch und Kaisern von Gottes Gnaden aufgehalten. Bush hat nur knapp gewonnen, und vielleicht siegt beim nächsten Mal das andere Lager. Alle vier Jahre hat das Volk die Chance, etwas zu verändern – wenn es das will. Das haben wir Deutschen, geschichtlich gesehen, erst seit sehr kurzer Zeit.

Lassen Sie uns noch einmal auf Ihre Bücher zurückkommen. 1972 erschien mit *Müssen wir hassen?* Ihr erstes eigenes. Mussten Sie sich erst von der Zusammenarbeit mit Ihrem Mann freischwimmen?

Das waren lauter Radiovorträge, mit denen ich sogar relativ erfolgreich war, doch fürs Schreiben hatte ich niemals die Begabung wie Alexander. Er fühlte sich als der geborene Schriftsteller, schrieb und schrieb und hat in seinem Leben sehr viel und mit großer Resonanz veröffentlicht. Ich wollte zwar gern schreiben, tat mich aber nicht so leicht damit wie er. Schon in der Schule musste ich mich sehr mit den Aufsätzen quälen, obwohl Deutsch mein Lieblingsfach war, und trotz aller Mühen habe ich es nie zu einer besseren Note als einer »Zwei« gebracht. Aber wenn ich erst am Schreiben bin, kann ich oft nicht mehr aufhören. Lesen dagegen war seit eh und je eher eine Sucht.

Dafür haben Sie allerdings viele Bücher veröffentlicht. Ihr bekanntestes, *Die friedfertige Frau*, erschien 1985, drei Jahre nach dem Tod Ihres Mannes. Gab es da einen kausalen Zusammenhang?
Ich hätte sicher noch mehr geschrieben, wenn mein Lektor nicht so früh gestorben wäre. Im Gegensatz zu Alexander brauchte ich immer einen, der mich dazu bringt. Ich hatte viele Aufsätze und Vorträge verfasst, auch teilweise unvollständige Manuskripte, und dieser Lektor sagte dann, was ich daraus machen könnte. Er saß sozusagen immer hinter mir – als mein Antreiber.

Die friedfertige Frau hatte also nichts damit zu tun, dass sich die Leute im und außerhalb des Kollegenkreises nach dem Tod von Alexander Mitscherlich Ihnen gegenüber anders verhalten haben? Immerhin geht es in dem Buch kurz gesagt um die Frage, warum sich Frauen mit Aggressivität, mit dem Wehren so schwertun und solche Gefühle eher gegen sich als gegen andere richten.
Das war sicher auch der Fall, aber nicht der eigentliche Motor.

Wie ging man mit Ihnen um, als Ihr Mann nicht mehr da war?
Man war in der Tat nicht besonders freundlich zu mir. Die ganze Wut, die viele auf den großen, mächtigen Chef hatten, richtete sich nach seinem Tod sicher auch ein Stück weit auf mich. Wahrscheinlich hätte man es gern gehabt, wenn ich von der Bildfläche verschwunden wäre, aber das tat ich natürlich nicht. Ich mietete ein Zimmer in der Dependance des Sigmund-Freud-Instituts, wurde Mitherausgeberin der Zeitschrift *Psyche*, die Alexander Mitscherlich 1947 gegründet hatte, behandelte meine Patienten weiter, schrieb Bücher, hielt Vorträge und hatte auch viele Anfragen für Interviews und Diskussionen. Doch über diesen Streit, der überhaupt nicht produktiv war und mir auch naheging, will ich eigentlich nicht sprechen. Das sind Dinge, die der Öffentlichkeit nichts nutzen, und sie betreffen auch Menschen, die nicht mehr leben und sich nicht mehr wehren können. Das ist Vergangenheit, gone with the wind …

Sie haben in Ihrem Leben viele Ehrungen bekommen: den Tony-Sender-Preis 2001, das Bundesverdienstkreuz …
… erster Klasse! Ich weiß im Moment nicht, wo es ist, muss ich zugeben. Ich habe auch den Wilhelm-Leuschner-Preis bekommen, die Ehrenplakette der Stadt Frankfurt, den Kulturpreis der Stadt Flensburg, den Erwin-Chargaff-Preis in Wien. Was noch? Mehr fällt mir jetzt nicht ein. Über diese Ehrungen habe ich mich natürlich immer sehr gefreut.

Waren die Preise eine Bestätigung für Sie?
Es macht immer große Freude, wenn die Arbeit honoriert wird. Was das Bundesverdienstkreuz angeht, gab es allerdings eine Zeit, in der ich es nicht angenommen hätte. Da schwang

so das Gefühl mit, dass es nur den angepassten Bürgern verliehen wurde, und mein Mann hätte es wahrscheinlich noch abgelehnt. Er hat viel mehr Preise bekommen als ich, und er wusste immer, wo er sie aufbewahrte.

Viele Frauen machen die Erfahrung, dass sie im Beruf mehr leisten müssen als Männer, um vollkommen akzeptiert zu werden. Haben Sie das auch erlebt?
Eigentlich nicht. Ich habe mich nie benachteiligt gefühlt. Im Studium nicht und später dann, als ich in der Schweiz zunächst in einer anthroposophischen Klinik angestellt war, arbeiteten da sogar mehr Frauen als Männer. Die nächsten Stationen waren die Psychiatrie und danach die Klinik meines Mannes in Heidelberg. Dort habe ich schon gemerkt, dass es Männer gibt, die mehr wissen als ich. In London waren dagegen wieder die Frauen stärker, Anna Freud und Melanie Klein. Man mag ja sagen, dass Freuds Theorien phalluszentriert gewesen seien, aber in seiner »Bewegung« waren von Beginn an Frauen zugelassen, die genauso Mitspracherecht hatten – in einer Zeit, in der noch kaum eine an die Universität ging.

Im beruflichen Kontext wird Verhalten oft geschlechtsspezifisch bewertet: Wenn Frauen einen Konflikt austragen, nennt man sie beispielsweise stutenbissig, während Männer als durchsetzungsfähig gelten, wenn eine Frau herumschreit, ist sie hysterisch, einen Mann nennt man unter Umständen willensstark. Was steckt hinter diesen verbalen Abwertungen?
Das klingt sehr klischeehaft, finde ich. Wenn ein Mann in seinem beruflichen Umfeld nur von persönlichen Affekten, von Wut und Kränkung getrieben herumbrüllt, kommt er sicher genauso wenig damit an wie eine Frau. Sie sind nur dann

durchsetzungsstark, wenn Sie eine gewisse Distanz zu sich haben und gute Argumente vorbringen. In der Tendenz allerdings mögen Sie recht haben. Es geht um Vorstellungen, wie eine Frau und wie ein Mann zu sein hat, und die sind uns über Jahrhunderte hinweg vermittelt worden.

Sind verbale Abwertungen Mechanismen sozialer Kontrolle, um Frauen Männern gegenüber klein zu halten?

Diese Abwertungen gehen nicht nur von Männern aus, das darf man nicht vergessen. Frauen machen dabei oft genauso mit. Und glauben Sie wirklich, dass Mechanismen immer kühl überlegt sind und zu etwas dienen? Ich denke eher, sie haben sich über die Zeit ergeben, sind uns in Fleisch und Blut übergegangen: Männer wollen ihre Position behalten, und Frauen möchten ihre passive Haltung auch nicht aufgeben und sehen lieber zu, im sicheren Hafen der Ehe zu landen und zu bleiben.

Und eine Frau, die aktiv und beruflich erfolgreich ist, stellt für eine andere eine Bedrohung ihres Lebensmodells, ihrer Wertvorstellungen dar?

Ja, sie kann sich als Hausfrau und Mutter nicht mehr idealisieren, nicht mehr sagen: »Das ist der beste und einzige Weg.« Sie sieht, dass es daneben noch einen geben könnte, der natürlich eine ganz andere Art des Verhaltens und ganz andere Fähigkeiten verlangt. Und wenn das bei einer Hausfrau Ressentiments hervorruft, wird sie ziemlich unfreundlich reagieren.

Es heißt oft, Frauen hätten viel mehr Angst vor Macht und Einfluss als Männer. Sehen Sie das auch so?

Ja. Habe ich auch gehabt, wenn ich es genau überlege. Doch bei mir war eher die Unlust entscheidend. Als ich Leiterin der

Margarete Mitscherlich, ca. 1980

psychoanalytischen Ausbildung in Deutschland war, hat mich der Posten schon sehr beansprucht, auch die Streitigkeiten, die es unvermeidbar gab und in denen ich quasi als Richterin vermitteln musste, wobei man es natürlich nie allen Parteien recht machen konnte. Ich habe den Job gern gemacht und sicher auch gar nicht schlecht, ich habe Verantwortung übernommen, aber dass das nun ein Dauerlustgefühl erweckt hätte, kann ich wirklich nicht behaupten. Nach einer gewissen

Zeit dachte ich, die anderen sollten ruhig mal ans Ruder. Ich wollte mehr Zeit fürs Schreiben haben, fürs Reisen und für meine Enkelkinder. Ich hätte auch keine Lust gehabt, Universitätsprofessorin zu werden und ständig Vorlesungen zu halten – von den bürokratischen Pflichten, die mit einem solchen Job verbunden sind, ganz abgesehen.

Es gibt auch viele Frauen, die keine Führungsposition anstreben, weil sie die ewigen Kämpfe um diese Stelle nicht austragen möchten.

Das kann ich absolut verstehen. Aber wenn man die Fähigkeit und Neigung hat, eine solche Aufgabe zu übernehmen, sollte man sich nicht aufhalten lassen. Wobei eben auch viel Selbstverleugnung dazugehört: Sie müssen den Job als das Wichtigste ansehen, müssen immer präsent sein, vieles aufgeben und voll und ganz hinter der Sache stehen. Es ist ja nicht so, dass Macht irgendwo diffus im Raum herumschwebt. Sie hat immer mit Inhalten, mit einem Komplex real vorhandener Interessen, einer Fabrik oder einem Produkt und natürlich mit Menschen zu tun. Diesen Inhalten muss man sich verschreiben. Und wenn wenige Frauen in gehobene Positionen kommen, kann es vielleicht auch daran liegen, dass viele schlichtweg keine Lust auf diese unendliche Verantwortung mit all ihren Konsequenzen haben.

Glauben Sie, dass Frauen in diesem Punkt anders sind als Männer? Dass es ihnen eher um Inhalte geht als um Macht an sich?

Es kann schon die ein oder andere geben, für die in erster Linie die Position das Entscheidende ist, aber ich kann mir nicht vorstellen, dass Macht an sich, ohne einen entsprechenden Inhalt, für den man sich auch einsetzen will, Spaß bringt.

Da haben wir sicher eine andere Prägung, Männer können das eher. Was hat unsere Bundeskanzlerin nach der Vereidigung gesagt? »Ich will Deutschland dienen.« Das heißt doch, sie will ihre Macht darauf verwenden, Deutschland zu führen und auf den aus ihrer Sicht richtigen Weg bringen. Von Schröder hat man so etwas nie gehört. So gesehen müssen Sie zugeben, dass Frauen in manchem viel klüger sind, und wenn Männer so blöd sein wollen, nur um der Macht willen die ganze Verantwortung, die Belastung, den Stress auf sich zu nehmen, dann sollen sie doch.

Wenn wir Sie richtig verstehen, geht es darum, die eigenen Motive zu kennen, zu wissen, warum man keine größere berufliche Verantwortung übernehmen will: Lässt man es, weil man Angst hat, es nicht zu können, weil man fürchtet anzuecken oder weil man der Meinung ist, dass es nicht zur eigenen Persönlichkeit und den Vorstellungen vom Leben passt?

Angst spielt doch immer eine Rolle. Man hat immer Angst, etwas einlösen zu müssen, was man vorher noch nicht getan hat – sei es beim Abitur oder später im Beruf. Die sollte auch jeder haben. Völlig angstfreie Menschen sind ja ein bisschen verrückt. Meistens ist es doch so, dass man eine Stufe nach der anderen nimmt und jedes Mal sieht, dass es eigentlich Spaß macht, neue Aufgaben zu meistern. Man fühlt sich erleichtert, bis dann der nächste Druck spürbar wird. So geht es immer weiter, wobei die einen lieber weniger Herausforderungen bewältigen möchten und die anderen mehr. Das ist individuell erheblich unterschiedlich. Wenn Sie aber die Geschlechterrollen betrachten, sehen Sie, dass es für Männer nach wie vor sehr viel selbstverständlicher ist, eine Karriere anzustreben und sich auch gegen Widerstände durchzusetzen – sowohl in der Eigen- als auch in der Fremdwahrnehmung. Männer sind über Jahrhunderte hinweg mit der traditionellen Wertvorstellung erzogen und konfrontiert worden, sich hinzustellen und beweisen zu müssen. Das wird ihnen vielmehr bis heute eingebläut. Ein Mann wird schon früh darauf geeicht, dass er später mal einen Beruf ergreifen muss, um seine Familie zu ernähren. Für Frauen war dagegen sehr lange Zeit das Ziel des Lebens, zu heiraten und Kinder zu kriegen. Und jetzt soll sie plötzlich Lust haben, Karriere zu machen, ohne dass wenigstens das Motiv der absoluten Notwendigkeit, der materielle Erhalt der Familie, dahinterstünde? Schwierig. Man kann sich mit seinen Schuldgefühlen ja viel besser arrangieren, wenn man weiß: Ich muss eine gehobene Position haben und möglichst viel verdienen, damit es meinen Kindern gut geht. Aber diesen Trost fürs Über-Ich haben Frauen oft nicht. Wenn der Mann arbeitet und ein ausreichendes Gehalt bezieht, könnten sie durchaus daheimbleiben oder sich mit einer untergeordneten beruflichen Stellung zufriedengeben, gewissermaßen ihre traditionelle Rolle erfüllen. Entscheiden sie sich anders, meldet sich ihr Gewissen und sagt: »Im Grunde bist du doch eine machthungrige Person, die nur an sich denkt.«

Und wie kommt man aus dieser Falle wieder raus?
Kinder, glaubt doch nicht, dass man Rollenverständnisse der Geschlechter, die sich über Generationen hinweg ins Bewusstsein eingegraben haben, mit einem Moment des Wissens ausspucken kann! So schnell geht das nicht. Das ist ein Prozess, in dessen Verlauf man immer wieder reflektieren und überprüfen muss, ob die Werte und Rollenbilder, die Vorstellungen und Erwartungen, die man selbst und die Gesellschaft an Männer und Frauen hat, richtig sind.

Trotzdem beneide ich für meinen Teil Männer schon sehr um ihr Selbstbewusstsein und die Selbstverständlichkeit, mit der sie auf den Tisch hauen, wenn ihnen etwas nicht passt, und in Gehaltsverhandlungen Summen verlangen, die mir die Schamesröte ins Gesicht treiben würden.

Ich verstehe schon, was Sie meinen. Männern fällt es tendenziell leichter, Forderungen zu stellen oder ihre Meinung auch gegen Widerstände zu vertreten. Viele Frauen haben es immer noch verinnerlicht, dass man von ihnen Zurückhaltung erwartet, eine gewisse Selbstaufgabe und Bescheidenheit, dass sie lieb und nett sein sollen. Das sind Eigenschaften, mit denen wir uns in dieser Gesellschaft wirklich schwertun. Besonders im Berufsleben wird ja eine große Durchsetzungskraft verlangt. Das habe ich durchaus auch bei mir selbst erlebt. Wenn ich aber an die Patienten denke, die im Laufe der Jahrzehnte zu mir gekommen sind, waren viele Männer darunter, die sich überhaupt nicht behaupten konnten. Es ist nicht immer so, dass es Männer grundsätzlich einfacher haben. The grass is always greener on the other side of the fence: Das glaubt man gern, entspricht aber nicht der Realität. Und wenn eine Frau ein Leben lang nur klagt, sie könne sich nicht durchsetzen, weil sie eben eine Frau sei, ist das auch Blödsinn. Dann muss sie an sich arbeiten, etwas verändern. Andererseits wäre es ein Fehler, wenn wir genauso werden wollen wie Männer, ohne zu überlegen, ob ihr Auftreten und ihre Eigenschaften wirklich etwas mit Vernunft und Nachdenken zu tun haben. Nur weil Männer bestimmte Verhaltensmuster zeigen, heißt das doch noch lange nicht, dass es so auch richtig und angemessen ist. Genauso deformiert zu werden wie manche Männer, uns in unerträgliche Machos zu verwandeln, die wie Dampfwalzen durchs Leben rollen: Das kann ich wirklich nicht einsehen.

Lassen Sie es uns doch mal konkretisieren: Was können Männer von uns und wir von ihnen lernen?

Männer können eine Menge von uns lernen: auf den anderen einzugehen, zu erkennen, was man selbst zu Beziehungen beiträgt, den Blick für Zwischenmenschliches und die Bereitschaft, darüber zu reden. Und natürlich zuzuhören. Erst wenn man dem anderen wirklich Gehör schenkt, kann man sich mit ihm auch bewusst auseinandersetzen und ihn als Individuum respektieren. Frauen können von Männern dagegen lernen, eine gewisse Distanz zu sich zu finden, nicht jedes Gefühl und jede Kränkung so furchtbar ernst und persönlich zu nehmen, sondern insgesamt etwas objektiver zu sein. Alles auf sich zu beziehen und ins Private zu führen ist unerträglich. Schon deshalb habe ich immer lieber in gemischten Teams als nur mit Frauen gearbeitet.

Und im Umgang mit Aggressionen?

Aggression ist eine Form der Aktivität, die man im Leben braucht, und ein Mensch ohne Aggression wäre widernatürlich. Frauen können ohne Zweifel lernen, dass man im aktiven Sinne aggressiv sein muss, indem man Verantwortung für Veränderungen übernimmt, auch mal durchgreift, seinen Standpunkt vertritt und Entscheidungen fällt.

Eine der Kernthesen in Ihrem Buch *Die friedfertige Frau* ist, dass Frauen nicht von Natur aus das unaggressivere Geschlecht seien, sondern lediglich gelernt hätten, diese Gefühle gemäß ihrer traditionellen Rolle nach innen statt nach außen zu richten. Sind die jungen Frauen heute immer noch so »friedfertig«?

Der Titel ist absolut ironisch gemeint. Wie Sie richtig festgestellt haben, haben Frauen durchaus Aggressionen, sie äußern sie nur anders als Männer, und die kriegerische Frau können Sie auch in der Geschichte und in Mythen finden. Kleist hat ein Stück darüber geschrieben, *Penthesilea*, das liebe ich besonders. Und die jungen Frauen? Es fällt mir schwer, Verallgemeinerungen vorzunehmen, das hat sicher etwas mit meinem Beruf zu tun, aber ich würde schon behaupten, dass sie sich, Gott sei Dank, sehr verändert haben. Ob sie allerdings immer angenehm sind, weiß ich nicht. Selbstverwirklichung bedeutet ja nicht, komplett egozentrisch und egoistisch zu sein. Auch ihre Aggressionen sind nicht immer klug und rühren oft von einem neuen Rollenverständnis, das sie nicht wirklich durchdacht haben. Wenn eine Frau unbedingt ihren Standpunkt durchsetzen will, ohne zu überlegen, wie die Situation ist oder ob der andere mit seiner Meinung vielleicht doch richtig liegt, zeugt das ja auch von einem gewissen Grad an Dummheit.

4. KAPITEL

Der Kampf um Gleichberechtigung oder warum Männer doch nicht an allem schuld sind

»Das Geheimnis des Glücks ist die Freiheit.
Das Geheimnis der Freiheit aber ist der Mut.«

PERIKLES

Frau Mitscherlich, als engagierte Feministin muss es Sie ziemlich wütend machen, dass wir in Sachen Gleichberechtigung deutlich hinter anderen europäischen Ländern zurückstehen. Immerhin verdienen Frauen bei uns durchschnittlich dreiundzwanzig Prozent weniger für die gleiche Arbeit als Männer, sie besetzen nur zehn Prozent der Führungspositionen in Großunternehmen, und nach der Geburt eines Kindes bleibt immer noch mehr als die Hälfte der Mütter mindestens sechs Jahre zu Hause, um sich um die Familie zu kümmern, während die Väter das Geld heimbringen.

Das merke ich immer wieder an Ihnen: Sie haben diesen Absolutheitsanspruch, vor dem scheue ich mich. Gut, Sie sind beide viel jünger als ich, aber ich bin fast neunzig und überschaue beinahe ein ganzes Jahrhundert. Ich kann schon feststellen, dass in Deutschland der Wunsch der Frauen nach Selbstständigkeit und Einfluss keineswegs total erfüllt ist. Da sieht man wieder, dass wir eine verspätete Nation sind. In England, Frankreich und den USA gab es die Frauenbewegung schon viel früher. Das sind Länder, die lange vor uns demokratisch waren, in denen das Volk lange vor uns die Rolle des Souveräns übernahm. Wir hinken in vielem hinterher, auch was das Thema Gleichberechtigung angeht, und ob nun so schnell eine Frauengeneration heranwächst, die fähig ist, eine ganz neue Rolle zu erfüllen, ist ohnehin fraglich. Das dauert, und es ist sehr, sehr schwer. Man muss sich wie Münchhausen immer wieder am eigenen

Schopf aus dem Sumpf ziehen. Deswegen bewundere ich Alice Schwarzer: Sie hat sich das alles selbst erarbeitet, sicher nicht ohne hin und wieder eine gewisse Tendenziösität an den Tag zu legen. Wenn wir mehr Alices im Lande hätten, sähe manches sicher anders aus. Trotzdem hat sich bereits viel verändert in den Vorstellungen, welche Rollen Frauen und Männer übernehmen können. Und zwar in der kurzen Zeit von dreißig Jahren. Sogar im konservativen Lager ist das angekommen. Kinder, wir haben eine Kanzlerin! Auch wenn Schröder sie noch wegfegen wollte. Er konnte es kaum akzeptieren, dass sie seinen Platz einnehmen sollte, obwohl er sich bestimmt als moderner Mann fühlt und auch zweifellos viel zur Modernisierung unserer Gesellschaft beigetragen hat.

Glauben Sie, dass Kanzlerin Merkel für die Sache der Gleichberechtigung wichtig ist?
Dass nun gerade Frau Merkel Bundeskanzlerin ist, würde ich für relativ unwichtig halten. Ich habe gehört, dass sie sich nicht besonders für die Frauenbewegung interessiert, im Gegensatz zu unserer Familienministerin Frau von der Leyen. Aber ich finde es wichtig, dass endlich einmal eine Frau diesen Job hat.

Was halten Sie von Angela Merkel?
Sie ist ein merkwürdig anderer Typ als zum Beispiel Maggie Thatcher, eben eine evangelische Pfarrerstochter. Sie scheint auch eher uneitel zu sein, sie will sich nicht dauernd in Pose setzen. Sosehr ich Schröder geschätzt habe – das war ohne Zweifel nicht seine Art. Sie kann auch zuhören, ausgleichen, und sie ist keine Angeberin.

Eine Reihe prominenter und einflussreicher Frauen aus unterschiedlichen Bereichen unterstützte Angela Merkel im Wahlkampf. Der *Stern* sprach sogar von einem »mächtigen Damennetzwerk« ...

Ich sollte auch unterschreiben, habe es aber abgelehnt. Ich bin eine SPD-Frau und mein Leben lang eher links gewesen. Ich konnte nicht so schnell das Lager wechseln, nur um für die CDU und Frau Merkel Partei zu ergreifen.

Dass endlich mal eine Frau das Kanzleramt übernehmen würde, schien aber für viele Frauen so verlockend zu sein, dass politische Inhalte und Parteizugehörigkeit nur noch eine nachgelagerte Rolle spielten. Plötzlich war das Geschlecht der Kandidaten das entscheidende Kriterium. Das haben wir auch im Bekannten- und Kolleginnenkreis gemerkt, wo darüber zum Teil sehr heftig diskutiert und gestritten wurde.

Man kann nicht wegen des Geschlechts plötzlich das Denken wechseln. Frau um jeden Preis? Nein. Es kommt darauf an, welchen Standpunkt diese Person vertritt. Ich finde, Frau Merkel macht es nicht schlecht, und im Grunde geht sie manches an, was Rot-Grün wollte, aber nicht erreicht hat. Überhaupt scheint sich dieses Rechts-Links-Schema langsam zu verwischen.

Oft hört man von Frauen den Ausspruch: »In der Welt wäre vieles besser, wenn wir bestimmen könnten.« Sie teilen diese Ansicht offenbar nicht.

Ich finde, dass Frauen viel mehr zu sagen haben sollten als bisher. Tun sie ja auch langsam. Doch eine Frau ist nicht automatisch klug, allwissend und unglaublich fähig. Genauso wenig, wie ein Mann von Geburt an ein dummer Typ ist.

Warum denken wir dann, dass es mit uns an der Spitze so viel anders wäre?

Weil wir gerade in Deutschland die Erfahrung gemacht haben, dass die blödesten und dämlichsten Kerle viel zu viel zu sagen hatten. Solche, die das Land als Teil ihres Selbst verstanden und zur Verwirklichung ihres egozentrischen Männlichkeitswahns missbrauchten. Kaiser Wilhelm, zum Beispiel, der dumme Angeber! Seine Mutter konnte ihm nie verzeihen, dass er diesen verkrüppelten linken Arm hatte, und seine Großmutter, Königin Viktoria von England, stand ihm zwar nahe, aber der Rest dieses Teils der Familie hat ihn auch abgelehnt. Für ihn war England der große Rivale, und wegen seiner Neigung, unentwegt gekränkt zu sein, und seinen Herrschaftsgelüsten hat er den Ersten Weltkrieg vom Zaun gebrochen. Das war der Anfang vom Ende. Hitler war ein noch größerer Idiot, ohne Maß und Anstand, zwar aus dem Volke, aber das änderte nichts an seiner Unmenschlichkeit. Frauen haben dagegen über Jahrhunderte hinweg gelernt, zuzuhören, mütterlich zu beschützen, sich nicht immer nur selbst im Recht zu sehen und sich zu produzieren. Das sind Verhaltensweisen, die für den Umgang von Nationen untereinander sehr viel günstiger gewesen wären. Überhaupt glaube ich, dass etwas mehr Frau und ein bisschen weniger Mann allen Gesellschaften guttun würde.

Das stützt wiederum Ihre These: »Die Zukunft ist weiblich, oder es gibt sie nicht.« Was meinen Sie damit?

Etwas sehr Konkretes: Wenn man nicht lernt, wirklich zuzuhören und sich in den anderen einzufühlen, wird es immer wieder Kriege geben, dann bringen wir uns irgendwann alle gegenseitig um. Es gibt keine Zukunft, wenn wir nicht lernen,

Ruhe zu bewahren, wenn wir nicht aufhören, immer nur uns selbst und unsere eigene Größe sehen zu wollen, während wir in den anderen irgendwelche feindselige Vorstellungen projizieren, die wir im Grunde selbst haben.

Wie schaffen wir es, dass die Zukunft weiblich wird? Wie können wir diese Eigenschaften in der Gesellschaft als maßgebliche Werte verankern?

Dafür gibt es wie für alle Dinge, die die menschliche und seelische Entwicklung betreffen, leider kein schnelles, einfaches Rezept. Das ist ein langwieriger Prozess, an dem immer weiter gearbeitet werden muss, den wir immer wieder nur in Gang setzen können, indem wir unentwegt versuchen, den anderen zum Zuhören, Nachdenken und Verstehen zu bringen, und indem wir diese Haltung bei uns selbst vervollkommnen. Man kann nicht nur erwarten, dass die anderen sich bewegen, man darf auch selbst nicht auf der Stelle verharren. Wir müssen lernen, den anderen als gleichwertigen Menschen anzusehen, der die gleichen Gefühle und Rechte hat, und ihn respektieren, wie wir selbst respektiert werden möchten. Das ist uns ja nicht völlig fremd, auf diesen Grundsätzen sind Demokratien aufgebaut – selbst wenn in frühen Demokratien wie Griechenland die Frauen auch nicht viel zu sagen hatten. Die Menschen wären bedeutend glücklicher, wenn sie diese Haltung wirklich verinnerlichen und entsprechend miteinander umgehen würden. Das müssen wir uns immer wieder vor Augen halten. Ohne sie gibt es keine Zukunft, und man kann sie schon Drei- und Vierjährigen vermitteln, wenn sie sich aus lauter Neid oder Eifersucht gegenseitig die Schaufel auf den Kopf hauen. Man kann ihnen begreiflich machen, dass man Verständnis für diese Empfindungen hat und sie nicht dafür bestraft. Man kann sie fragen, warum sie sich streiten, mit ihnen sprechen, damit sie kapieren, was zwischen ihnen vorgefallen ist: weshalb jeder von ihnen gerade so reagiert hat und was das Verhalten des einen zum Verhalten des anderen beigetragen hat. Auf diese Weise lernen sie, dass sie auch Situationen, in denen sie im Moment noch mit blinden Affekten reagieren, mit Verständnis und Einfühlung regeln können.

Auf der anderen Seite raten Karriere-Coaches Frauen immer wieder, im Berufsleben von diesem Einfühlen und Verstehen ein Stück weit Abschied zu nehmen. Da heißt es dann: »Ihr müsst aggressiver werden, um euch durchzusetzen, ihr braucht diese ›Ich bin die Größte‹-Haltung, wenn ihr weiterkommen wollt.«

Man kann nicht nur milde, lieb und freundlich sein, wenn der andere sich absolut gegenteilig verhält, und das Leben läuft nun mal nicht ohne innere und äußere Konflikte ab. Die gehören dazu, und es wird immer wieder Kämpfe und Rivalitäten geben; Situationen, in denen einem etwas weggenommen wird, das Spielzeug, der Freund, die Position, und dann muss man sich dafür einsetzen, dass man behält, was einem wichtig ist, und dafür sorgen, dass man siegt. Bei der Fußballweltmeisterschaft gehen die Mannschaften doch auch nicht nur zum reinen Spielvergnügen auf den Platz. Sie wollen gewinnen, und dafür setzen sie ihr ganzes Können ein. Die Art, wie man etwas benutzt, darauf kommt es an, und Einfühlung und Verstehen ist ja nicht Dummheit. Es bedeutet nicht, sich für blöd verkaufen zu lassen, auf alles freiwillig zu verzichten und nichts für sich zu wollen. Man kann diese Fähigkeiten sehr klug und schlau anwenden, indem man seine Menschenkenntnis nutzt und weiß, wie man mit wem umgehen muss.

Auf diese Weise kann man viel besser siegen als jemand, der überhaupt keine Ahnung von der Gefühls- und Gedankenwelt seiner Mitmenschen hat.

Bevor wir uns weiter mit dem Thema Gleichberechtigung beschäftigen, lassen Sie uns zunächst klären, was Sie unter einer emanzipierten Frau verstehen.

Eine emanzipierte Frau ist in der Lage, sich so weit von vorgefundenen Werten und Vorstellungen über ihre Rolle zu distanzieren, dass sie sie kritisch betrachten kann. Und sie erkennt, ob sie lieber an den Vorurteilen und undurchdachten Rollenbildern festhalten will oder sich von diesem und jenem trennt. Diese Trennung bedeutet natürlich auch Verzicht. Verzicht auf Sicherheit, zum Beispiel. Jeder, der andere Wege einschlägt, nicht den Konventionen entsprechend lebt, geht ja Wagnisse ein, und das ist nie leicht. Andererseits bezahlt man diese Sicherheit natürlich mit Abhängigkeit. Ich habe schon als Fünfzehn-, Sechzehnjährige gesagt: »Ich will nicht heiraten, aber ein Kind haben. Die Ehe ist Prostitution, man heiratet, weil man dann gesichert ist, und schläft mit einem Mann nur aus Verpflichtung, aber keineswegs aus Liebe oder gar Leidenschaft.« Das war meine offizielle Meinung und sicher auch der Wunsch, zu provozieren, weil es völlig gegen das sprach, was meine Mutter vertrat. Für sie war Sex vor der Ehe undenkbar. Sie hatte mit ihrem Verlobten nie geschlafen, obwohl sie ihn sehr liebte, aber mit meinem Vater tat sie es, weil sie mit dem eben verheiratet war. Das gefiel mir nicht. Untergründig wollte ich natürlich einen Mann – möglichst einen attraktiven. Dennoch wusste ich schon früh, dass ich niemals von einem abhängig sein möchte, vor allem nicht materiell. Ich hatte immer die Tendenz, beruflich so weit auf eigenen

Beinen zu stehen, dass ich mich selbst ernähren kann. Trotzdem habe ich lange vom Geld meiner Familie gelebt, eigentlich bis 1944, als ich nach dem Studium mit meinem damaligen Freund zurück nach Dänemark zog. Dort haben wir mit meiner Mutter eine Saftfabrik gegründet, die leider bankrott ging, weil wir viel zu wenig Geschäftssinn hatten. Eine etwas mühsame Zwischenperiode – obwohl wir die besten Säfte der Welt machten. Danach trennte ich mich von meinem Freund, zog in die Schweiz, und von da an war ich endgültig selbstständig und wollte es auch bleiben.

Emanzipation und Selbsterkenntnis lassen sich also nicht trennen. Herauszufinden, wo man steht, welche Vorstellungen man in sich trägt und wo diese herrühren: Das sind psychoanalytische Prozesse, nicht wahr?
Eher universalpsychologische. Die Psychoanalyse hat sie ins Bewusstsein der Menschen gebracht und mit den entsprechenden Termini verbunden. Aber wenn Sie in der Geschichte zurückschauen, gab es immer Frauen, die bereit waren, Verantwortung für sich und andere zu übernehmen, lange bevor Freud die Psychoanalyse begründet hat.

Sie haben immer vertreten, dass Psychoanalyse und Frauenbewegung sehr gut zusammenpassen. War Freud vielleicht sogar ein Feminist?
Das sicher nicht, und ob er für den politischen Feminismus, also für den Kampf um rechtliche Gleichstellung, bedeutsam war, vermag ich nicht zu beurteilen. Aber ich sehe ihn absolut als Wegbereiter der Frauenbewegung. Durch ihn bekamen Frauen ein anderes Bild von sich. Seine Arbeit erst hat uns gelehrt, das Unbewusste bewusst zu machen, unsere Vor- und

Fehlurteile in Bezug auf das Rollenverständnis von Mann und Frau überhaupt wahrzunehmen. Außerdem haben Frauen und ihre Interessen innerhalb der Psychoanalyse von Anfang an einen wichtigen Part eingenommen. Hier wurde zum ersten Mal offen über weibliche Sexualität gesprochen, anerkannt, dass es so etwas überhaupt gibt, dass Frauen eben nicht nur Lustobjekte sind, sondern sexuelle Wesen mit eigenen sexuellen Bedürfnissen. Was das für eine wirklich tiefere Kenntnis der Frau und ihrer Wünsche bedeutet, haben die wenigsten verstanden. Sie sahen in Freuds Arbeiten nur eine männerbetonte Theorie. Aber wie gesagt: Freud war ein Kind seiner Zeit. Gleichzeitig wusste er, dass vieles, gerade was Frauen angeht, noch ungeklärt ist. Ganz abgesehen davon hatten Frauen in der Psychoanalyse immer etwas zu sagen – auch an der Spitze der »Bewegung«.

Den Feministinnen waren die Psychoanalyse und vor allem Freud allerdings extrem suspekt: Dass Frauen ein schwächer ausgeprägtes Über-Ich haben sollen und in ihrer Entwicklung vom Penisneid getrieben seien, stößt vielen bis heute sehr sauer auf.
Freuds Theorien konnte man nachvollziehen, wenn man verstand, wann und in welcher Gesellschaft er sie entwickelt hatte. Viele Feministinnen waren durchaus dafür zugänglich, dass der Penis sozusagen das Symbol für die selbstverständlichen Freiheiten und die mächtigere Stellung der Männer war, um die Frauen sie tatsächlich beneideten. Allerdings waren sie nicht bereit, auch die masochistischen weiblichen Gelüste zu sehen, denn wenn die Frauen sich gewehrt hätten, hätte es die jahrhundertelange Unterdrückung nicht gegeben. Es war ja auch ganz angenehm, sich selbst aufzugeben, nicht selbst denken zu müssen, keine Verantwortung für sich, das eigene

Leben und Verhalten zu übernehmen, sondern im sicheren Hafen der Ehe und Abhängigkeit zu bleiben. Das zu verändern wäre ein harter Kampf geworden, klar, und den wollte man offensichtlich lange nicht austragen. Aber Frauen sind eben nicht nur klug und oft nicht stark genug, um auch ihre Schwächen auszuhalten. Sie sind so darauf bedacht, dass sie besser seien als die Männer, und überzeugt davon, gegen ihren Willen klein gehalten worden zu sein. Was ihr Unbewusstes, ihr Verhalten dazu beigetragen hat, das haben sie fast bis heute abgewehrt.

Sich zu überlegen, welchen Anteil man selbst an etwas hat, ist allerdings auch viel schwerer, als die Schuld komplett auf andere zu schieben.

Natürlich, aber ich bin Psychoanalytikerin. Ich habe immer vertreten, dass die Frauen sich nicht nur gegen Männer, sondern auch gegen sich selbst durchsetzen müssen. Sie können sich nur befreien, wenn sie Selbstreflexion und auch Selbstkritik üben, wenn sie sich wirklich fragen, von welchen Bildern sie sich leiten lassen, welche vorgegebenen Rollen- und Wertvorstellungen sie verinnerlicht haben. Innerhalb der Psychoanalyse waren sich die Frauen darüber sehr wohl im Klaren, dass nicht nur die Männer an allem schuld sind.

Sie haben 1990 in Ihrem Buch *Über die Mühsal der Emanzipation* geschrieben, dass die Befreiung von äußerem Unrecht, also die faktische Gleichstellung, nicht automatisch zur Auflösung von inneren Zwängen führe und Frauen eben auch eine Vielzahl innerer Barrieren überwinden müssten, um ihre Rechte überhaupt in Anspruch zu nehmen. Welche emotionalen Hürden stehen uns im Weg? Die Angst, abgelehnt zu werden, wenn wir

unserer traditionellen Rolle nicht mehr gerecht werden, unsere Schuldgefühle?

Schuldgefühle verursachen Angst. Wenn man sich diese Schuldgefühle näher anschaut, sie als Auslöser der Angst erkannt hat, kann man immerhin herausfinden, ob sie berechtigt oder unberechtigt sind. Aber unbewusste Schuldgefühle machen besondere Angst, weil sie nicht zu greifen sind, und je jünger ein Kind ist, desto weniger hat es die Chance, sie zu sehen. Es versteht ja noch nichts von sich, ist ein einziges Bündel aus Trieben, Mutter- und Vaterbedürftigkeit, lebt völlig abhängig. Diese Abhängigkeit von den Eltern schafft das, was man Gewissen und in der psychoanalytischen Terminologie Über-Ich nennt. Man verinnerlicht die Ge- und Verbote der Eltern, später natürlich auch die, die einem die Gesellschaft vermittelt, und Freud hat uns gelehrt, dass innere Konflikte, also die Widerläufigkeit von Wünschen und Gewissen, Symptome wie zum Beispiel Minderwertigkeitsgefühle, Angst oder eben Schuld erzeugen. Rückblickend wird deutlich, dass Frauen über Jahrhunderte hinweg dazu erzogen worden sind, Kinder zu kriegen und sich um die Familie zu kümmern, keine eigenen Bedürfnisse zu haben, gütig und nachsichtig zu sein. Jetzt dürfen und sollen sie plötzlich in die Welt hinaus, sich und ihre Ansichten verteidigen, ihr Leben so leben, wie sie es für richtig halten. Sie müssen sich exponieren und produzieren, ihre Sache mit einer gewissen Rücksichtslosigkeit vertreten. Das sind sie nicht gewöhnt, und die alten Bilder davon, wie eine Frau zu sein hat, sind ja nicht plötzlich verschwunden, nur weil heute andere Dinge möglich sind.

Kuwait ist vielleicht ein gutes Beispiel dafür, dass gleiche Rechte nicht sofort zur Veränderung von Überzeugungen und Verhalten führen. Vor Kurzem durften dort zum ersten Mal auch Frauen wählen und für einen Sitz im Abgeordnetenhaus kandidieren, und obwohl siebenundfünfzig Prozent der Bevölkerung weiblich sind, schaffte keine einzige den Sprung ins Parlament.

Da seht ihr es doch! Die Frauen wollen es so. Das hat sich ihnen über Jahrhunderte hinweg eingeprägt, und diese Wertvorstellungen und Rollenbilder aus den Köpfen zu kriegen, wirklich etwas zu verändern, ist wahnsinnig schwer. Offiziell wird es heute als Wert betrachtet, dass Frauen die gleichen Rechte und Möglichkeiten wie Männer haben sollen, aber ich kann Ihnen sagen: Wenn die Männer ehrlich sind, teilen sie diese Meinung absolut nicht, und unter den Frauen gibt es genügend, die derselben Ansicht sind. Die geheime Mehrheit erkennt diesen Wert nicht wirklich an, also wird er auch nicht in voller Konsequenz gelebt.

Klingt deprimierend.

Meine Güte, Kinder! Ihr habt ja keine Ahnung, wie viel sich schon geändert hat! Aber wir kommen da nicht so schnell raus. Außerdem müssen wir ja die ganze Menschheit dahin bringen, die sich verdoppelt und verdreifacht und von der große Teile mit entsetzlicher Armut und fürchterlichen Kriegen zu kämpfen haben. Aber ich bin so froh, dass wir endlich offen darüber sprechen dürfen, dass Frauen die gleiche Stellung haben sollen, dass sie eine Sexualität haben, dass kein Mensch mehr oder weniger wert ist als der andere.

Grete Nielsen, Margarete Mitscherlichs Mutter

Wir haben gestern über Prägungen gesprochen. Was hat aus Ihrer Sicht dazu beigetragen, dass Sie eine emanzipierte Frau wurden?

Meine Beziehungen zu Frauen waren immer sehr intensiv: die zu meiner Mutter und später die zu meiner Lehrerin am Oberlyzeum in Flensburg, und ich hatte immer enge Freundinnen, die mir mindestens so wichtig wie meine Flirts waren. Aber meine Mutter war d i e prägende Person meiner Kindheit, sie war die erste Liebe meines Lebens.

Nach allem, was ich über sie gelesen habe, war sie sehr stark und unabhängig.

Sie musste früh selbstständig werden. Ihr Vater starb, als sie sechs Jahre alt war, mit sechzehn verlor sie ihre Mutter, und dann blieb ihr nur noch ihre ältere Schwester, die sie unterstützte. Finanziell war sie sehr schlecht gestellt, und außerdem hatte sie seit einer Knochentuberkulose in ihrer Kindheit ein verkürztes Bein; sie war das, was man heute wohl »behindert« nennen würde. Trotzdem lief sie genauso gut wie ich. Mit neunzehn machte sie ihr Lehrerexamen, und von da an verdiente sie ihr eigenes Geld. Sie wurde sogar Rektorin an einer Mädchenschule, und mit dreiunddreißig – für damalige Verhältnisse sehr spät – heiratete sie als beruflich gestandene Frau einen Witwer, dessen drei Kinder sie an der Schule unterrichtet hatte. Das war sicher nicht einfach, mein Vater war ja Däne und meine Mutter eine national gesinnte Deutsche, eine Bismarck-Verehrerin. Bismarck! Für die Dänen natürlich ein rotes Tuch, der hatte schließlich dafür gesorgt, dass sie Schleswig-Holstein abgeben mussten.

Wie war das Verhältnis zwischen Ihren Eltern?

Dass Frauen Männern unterlegen sind, konnte ich in der Ehe meiner Eltern jedenfalls nicht feststellen. Mein Vater hing mehr an ihr als sie an ihm, das war klar, und ich spürte auch schon sehr früh, dass meine Mutter meinem Vater im täglichen Leben eher überlegen war.

Inwiefern?

Wir haben uns mit allen Fragen und Sorgen an sie gewandt, und sie verwaltete auch unser Geld, zumindest den Teil, der in Deutschland festlag. Sie war die Seele des Hauses. Sie spielte mit uns, las uns vor, veranstaltete wunderschöne Geburtstagsfeste, hatte immer Zeit und Verständnis. Überhaupt konnte sie fantastisch mit Menschen umgehen, und sie war sehr beliebt, ohne dass sie platt, dumm und anpasserisch gewesen wäre. In der Schule mochte man sie, meine Halbgeschwister liebten sie, und meine Freundinnen waren absolut hingerissen von ihr. Man konnte sie überall vorzeigen, überall mit hinnehmen. Mit meinem Vater hatte ich da schon mehr Schwierigkeiten. Er war ein denkbar ehrlicher, anständiger, aber sehr schwerfälliger Mensch. Ich hatte nie viel Kontakt zu ihm, nicht so wie zu meiner Mutter, mit der ich über alles reden konnte. Sie strahlte auch viel mehr Lebensfreude aus als er, trotz aller Melancholie und zeitweilig traurigen Augen wegen ihrer verlorenen großen Liebe – das zumindest bildete ich mir ein, vor allem wenn sie Klavier spielte. Da war sie so versunken und weggetreten, und ich saß unter dem Flügel und heulte. Sie war auch gebildeter. Klar, mein Vater hatte eine gute Ausbildung gehabt, ein humanistisches Gymnasium besucht und in Berlin, Kiel und Tübingen Medizin studiert. Natürlich hat er auch gelesen, aber er war vor allem ein überforderter Landarzt, der furchtbar viel arbeiten musste und Tag und Nacht zu Patienten fuhr. Da blieb keine Zeit für Goethe, Schiller und hunderttausend Romane, wohingegen meine Mutter immer von Büchern umgeben war. Außerdem kannte sie die Frauenbewegung und war eine Anhängerin von Gertrud Bäumer, eine der führenden Gestalten damals und übrigens sehr bürgerlich.

Kümmerte sich Ihre Mutter auch um Ihre Ausbildung?
Sie hat mich bis zu meinem achten Lebensjahr sogar zu Hause unterrichtet, und sie wollte, dass ich Abitur mache. Dafür hat sie mich aus dem Nest geschmissen, und ich musste lernen zu fliegen. Das war schwer am Anfang. Ich saß dann mit vierzehn allein in Flensburg. Aber ich sollte eben eines Tages wie mein Bruder und mein Halbbruder studieren, und das war absolut nicht üblich. Nicht in dieser Zeit, nicht einmal in unserer Familie: Meine Halbschwestern gingen nicht an die Universität, sondern heirateten früh.

Für einen Teenager kann es ziemlich anstrengend sein, wenn die Mutter derart genaue Vorstellungen vom Leben ihrer Tochter hat und entsprechend Druck ausübt.
Aber so war das ja nicht mit meiner Mutter! Das lief viel selbstverständlicher und zwangloser ab. Sie war überhaupt nicht sehr autoritär, zumindest nicht ihren Kindern gegenüber. Ich wollte auch auf die höhere Schule, aber in Graasten gab es keine. Also musste ich weg von daheim, und das Geld, das für meine Ausbildung verwendet werden konnte, lag nun eben in Deutschland.

Margarete
Mitscherlichs
Elternhaus
in Graasten

Wie das?

Mein Großvater hatte viele Jahre zuvor in Flensburg die »Süd-
schleswigsche Bank« gegründet, mit der er auch die dänische
Minderheit in Südschleswig unterstützen wollte, und als die
Bank nach seinem Tod pleiteging, wurde der Anteil meines
Vaters sozusagen eingefroren und durfte nur in Deutschland
ausgegeben werden. Das verstand ich auch, aber das erste
Jahr war trotzdem wirklich mühsam für mich, das verwöhnte
Kind. Ich fühlte mich verloren und einsam und habe meine
Mutter oft angefleht, sie möge mich doch bitte, bitte heimho-
len. Doch sie blieb standhaft und sagte: »Ach, du willst doch
Abitur machen. Das ist die Vorbedingung fürs Studium, und
du möchtest doch selbstständig sein.« Das hat sie mir immer

wieder klargemacht, bis ich es verinnerlicht hatte, und später war ich ihr natürlich sehr dankbar dafür.

Und wie stand Ihr Vater dazu? Hat er Sie auch bestärkt zu lernen?
Das hatte meine Mutter zu bestimmen, verdammt noch mal! Er hatte nichts dagegen, hätte mich aber auch nie dazu gedrängt. »Wenn du studieren willst, kannst du es machen«, sagte er, »aber dann bekommst du keine Aussteuer.« Das war mir natürlich komplett wurscht. Mein Vater war ja sehr nett zu mir. Der arme Kerl, zweimal hatte er sein ganzes Geld verloren, erst nach dem Ersten Weltkrieg, dann die Geschichte mit der Bank, und er musste doch fünf Kinder ernähren. Er wollte, dass es uns gut geht, war aber in vielem traditioneller als meine Mutter. Ich erinnere mich, dass ich eines Tages durch Flensburg ging – ich muss sechzehn oder siebzehn gewesen sein – und wohl recht armselig angezogen war. Er kam mir entgegen, sah mich an und sagte: »Komm, ich kaufe dir einen neuen Mantel.« Und im nächsten Pelzgeschäft bekam ich dann einen grauen, eng anliegenden, todschicken Persianer. Den habe ich noch als Studentin getragen.

Sind Ihr leiblicher Bruder Leo und Sie unterschiedlich behandelt worden? Gab es für Mädchen andere Spielregeln als für Jungs?
Ich war immer überzeugt, dass meine Mutter mich mehr liebt als ihn. Warum ich zu dieser idiotischen Überzeugung gekommen bin, weiß ich nicht. Vielleicht weil ich so gut teilen konnte und es für meine Mutter eine Tugend war, nicht alles für sich zu behalten. »Der Klügere gibt nach«, hieß es, und ich fand es wunderbar, die Klügere zu sein. Ich musste nicht wie er um Geschenke oder sonstigen Besitz kämpfen, konnte ohne größere Schwierigkeiten abgeben – mit dem sicheren

Margarete Mitscherlich und ihr Bruder Leo Nielsen, 1922

Bewusstsein, dafür Anerkennung zu bekommen. Durch die enge Beziehung zu meiner Mutter wusste ich schließlich sehr genau, was sie wollte und was nicht. Deshalb habe ich mich auch immer als Deutsche gesehen. Meinen Patriotismus habe ich quasi mit der Muttermilch eingesogen, während sich mein Bruder Leo am Dänentum meines Vaters orientierte. Aber in der Erziehung, nein, da gab es keine Unterschiede. Ich bin in großer Freiheit aufgewachsen, mir war vieles erlaubt. Ich durfte schon als Sechsjährige mit meinen Freundinnen herumstromern, und Viggo, mein Halbbruder, ein denkbar freundlicher und netter Mensch, hat mich oft auf seinem Rad mitgenommen, und wir fuhren durch diese wunderschönen

Buchenwälder. Das habe ich nie vergessen. Und Balladen hat er mir zitiert! Unendliche Balladen – die konnte er alle auswendig. Nein, ich musste nicht daheim sitzen und sticken – höchstens zu Weihnachten, Kreuzstiche auf Decken, und das machte mir Spaß. Allerdings bekam ich in Handarbeit immer eine »Vier«, und Kochen brauchte ich auch nicht zu lernen, weil wir zu Hause eine Köchin hatten. Klavierspielen konnte ich ebenfalls nicht. Überhaupt waren mir die klassischen Mädchendisziplinen fremd. Ich war ein bewegungssüchtiges Kind, wollte springen, laufen, schwimmen und Rad fahren.

Ist es Ihnen außerhalb Ihres Elternhauses begegnet, dass Mädchen weniger gelten?

Dass es so ist, hatte ich schon kapiert. Ich war ja nicht blöd. Aber ich habe es nie persönlich erlebt, weder in meiner Kindheit noch später. Zumindest kann ich mich an nichts Derartiges erinnern, was mich wirklich gekränkt oder geschmerzt hätte. Vielleicht habe ich es einfach verleugnet.

Sie haben vorhin von Ihren engen Frauenbeziehungen gesprochen. Glauben Sie, dass Frauenfreundschaften zur eigenen Emanzipation beitragen können?

Wahrscheinlich schon. Die Wichtigkeit, die Frauen in einem Leben haben, das Vergnügen, mit ihnen zusammen zu sein, und die Selbstverständlichkeit, mit der man sich austauscht, spielen da sicher auch eine Rolle. Ich habe mich in diesen Freundschaften jedenfalls immer sehr frei und unmittelbar gefühlt. Wobei wir damals nicht über die ganz intimen Dinge gesprochen haben, mit wem man wie geschlafen hat oder so. Es war kein Geheimhalten, man tat es einfach nicht.

Meinen Sie mit »Selbstverständlichkeit«, dass man nicht so viel erklären muss, wenn man von Frau zu Frau redet?

Bei diesem Ausdruck »von Frau zu Frau« habe ich das Gefühl, man streicht mir gegen das Fell! Das hat so etwas Unnatürliches, das klingt nach: »Oh, den Typ möchte ich. Bin ich denn auch hübsch genug?« So wie Männer sich vorstellen, dass Frauen untereinander reden. Männer und Frisuren waren aber wahrhaftig nicht unser Hauptthema. Wir haben über das Alltägliche gesprochen, übers Studium, unseren Beruf. Sicher, mit Frauen kann man sich über vieles, was einen betrifft, leichter austauschen, besonders wenn man jung ist und im Umgang mit dem anderen Geschlecht noch unsicher. Das Wichtigste ist aber doch, dass man natürlich sein kann, offen und unverstellt, dass man vertrauen kann, ohne Angst vor hämischen oder unaufrichtigen Reaktionen zu haben. Das konnte ich später dann auch mit meinem Mann. Ich hätte es nie ertragen, so lange mit jemandem zusammenzubleiben, wenn ich nicht ich selbst hätte sein können.

Trotzdem fühlt man sich bei Frauen oft besser aufgehoben, egal wie alt man ist.

Sich aufgehoben fühlen? Ich weiß nicht, ob ich meinen Freundinnen gegenüber so stark kindliche Wünsche hatte. Mir war eher wichtig, mich auf jemanden verlassen zu können. Verlassen ist für mich ein Wort, das innerlich anklingt.

Spielte in diesen Freundschaften auch eine gewisse Erotik eine Rolle?

Was ist Erotik? Erotik heißt doch, dass man Spaß aneinander hat, man über Dinge reden kann, die einen interessieren, dass man jemanden klug findet und gern mit ihm zusammen ist.

Natürlich sollte die Freundin nicht schlecht riechen, sie muss ästhetisch schon irgendwie erträglich sein, nicht wahr. Das war mir durchaus auch wichtig, aber nicht in dem Sinne, dass ich nun unmittelbar etwas mit ihrem Körper hätte zu tun haben wollen. Ich bin nicht lesbisch. Nicht dass ich etwas dagegen hätte, nein, davon bin ich chemisch frei, ich habe nur nie im sexuellen Sinne Interesse an Frauen gehabt.

Lassen Sie uns einen Sprung in die Siebzigerjahre machen. In dieser Zeit haben Sie, relativ spät, mit Ende fünfzig, die feministische Bühne betreten und 1977 in der ersten Ausgabe von *Emma* den Artikel »Ich bin Feministin« veröffentlicht. Wie kam das?
Die Bühne war in dem Sinne vorher gar nicht da. Unter Hitler und im Krieg dachte man nicht über Frauenrechte nach. Da konnten einem täglich Bomben auf den Kopf fallen, Juden wurden ermordet, und wer gegen den Führer war, wurde gehenkt. Das waren nicht unbedingt Umstände, die eine Frauenbewegung zum Blühen gebracht hätten. Dann kamen die Nachkriegszeit, das Wirtschaftswunder, das Nichtwissenwollen und Verdrängen der Tatsache, dass wir Deutsche Millionen von Juden und anderen Menschen, deren Leben in den Augen der Nazis nichts wert war, umgebracht und Europa in Schutt und Asche gelegt hatten. Das Schweigen darüber dauerte bis 1968, als die Studenten gegen die Väter aufstanden. Da versuchten die Frauen, mit den Männern gleichzuziehen. Nur haben die ihnen deutlich zu verstehen gegeben, dass sie gefälligst Kaffee kochen, Flugblätter tippen und verdammt noch mal mit ihnen ins Bett gehen sollen – wenn den Männern danach war. Gemäß dem Spruch: »Wer zweimal mit derselben pennt, gehört schon zum Establishment.« Das Establishment war auf einmal out, aber wie sich die Gesellschaft

nun orientieren sollte, bestimmten viel mehr die Männer als die Frauen. Doch die Frauen waren gar nicht so blöd, sie haben das kapiert und ihre eigene Bewegung gegründet. Das fand ich prima. Ich war ja vorher viel in London und Amerika gewesen, sehr mit der Psychoanalyse beschäftigt, wo Frauen durchaus ihre Meinung vertraten. Als ich sah, dass die Frauen in Deutschland sozusagen endlich ihr Haupt erhoben in einer Sache, in der sie wirklich recht hatten, machte ich gerne mit.

Also gab es keinen speziellen Auslöser für diesen Schritt?
Ich habe schon in den Sechzigerjahren meine ersten Arbeiten über weibliche Sexualität geschrieben, mich also psychoanalytisch intensiv mit Frauen und ihrer Rolle beschäftigt. Als in den USA dann ein Forscher herausfand, dass in einem frühen Entwicklungsstadium alle Föten zunächst weiblich sind, hat mich das natürlich auch bestätigt. Psychoanalytisch gesehen war meine selbstverständliche Tendenz ja immer, dass Männer Frauen unterdrücken, weil sie von ihnen abhängig sind: Eine Frau hat sie zur Welt gebracht, hätte allerdings auch abtreiben lassen können, wenn sie das gewollt hätte. Ob wir geboren werden, liegt also immer in den Händen einer Frau. Eines Tages wurde ich dann mit Alice Schwarzer zu einer Fernsehdiskussion eingeladen. Alice hatte sich hier und da gegen die Psychoanalyse ausgesprochen und nahm an, dass es zu einer kontroversen Diskussion kommen würde. Wir konnten uns dann aber sehr gut verständigen: Ich akzeptierte ihre Auffassungen und sie meine psychoanalytisch geprägte Sichtweise. Von da an ging es einfach weiter, und als *Emma* gegründet wurde, habe ich das Magazin mit zehntausend Mark unterstützt – mit dem Gefühl, das Geld für einen guten Zweck zu stiften. Doch ich bekam es auf Heller und Pfennig zurück,

plus Zinsen Da war Alice absolut korrekt, und *Emma* wurde ein großer Erfolg.

Sie sagten gerade, dass die Unterdrückung der Frau durch den Mann Folge des biologisch bedingten Abhängigkeitsverhältnisses sei. Anders ausgedrückt heißt das doch, dass Männer im Grunde Angst vor diesem »magischen« Wesen haben, das allein die Fähigkeit zum Gebären hat?

Aber absolut! Die Mechanismen der Unterdrückung sind sicher Angstabwehrmechanismen. Die Frau an sich ist das stärkere Geschlecht, das ist eine Tatsache. Wenn Sie die Entwicklung betrachten, sind kleine Mädchen in vielem meist schneller, zum Beispiel im Erlernen der Sprache. Jungs bleiben oft länger naiv und ein bisschen tumber. Frauen haben eine höhere Lebenserwartung, sind vitaler und haben zwei robuste X-Chromosomen, während das männliche Y-Chromosom viel fragiler ist. Und sie bekommen die Kinder. Das ist das Entscheidende, nicht der Penis. Der ist zwar für die Zeugung unabdingbar, aber ob ein Kind ausgetragen und geboren wird, darüber entscheidet die Mutter. Das ist der große Unterschied zwischen den Geschlechtern, den sie nicht aus der Welt räumen können. Die Männer haben immer irgendwo gewusst, dass sie ohne Frauen nicht existieren würden, gleichzeitig wurden sie zu keiner Zeit durch Schwangerschaften und Geburten geschwächt. Die Biologie der Frau war immer ihre Stärke und gleichzeitig ihre Schwäche.

Wie standen Ihre Kollegen zu Ihrem feministischen Engagement?

Natürlich wurde ich angegriffen, aber das hat mir nicht so furchtbar viel ausgemacht. Die Psychoanalyse hatte ja durchaus ihre religiösen Züge. Sie war auch für mich lange Zeit der wich-

Margarete Mitscherlich bei einer *Brigitte*-Podiumsdiskussion
(rechts außen)

tigste Teil meines geistigen und beruflichen Lebens, doch außer
ihr keine anderen Interessen zu haben lag mir nicht und lang-
weilte mich eher. Sich nur mit Psychoanalytikern zu umgeben
war nicht meine Sache und Alexanders schon gar nicht.

**Was sagte denn Ihr Mann dazu? Sie haben schließlich immer
sehr eng zusammengearbeitet, und dann setzten Sie sich plötzlich mehr und mehr für ein Thema ein, mit dem er gar nichts zu
tun hatte.**
Meine psychoanalytische Arbeit, über weibliche Sexualität
nachzudenken und zu schreiben, hat er durchaus unterstützt.

Doch als ich in den Siebzigerjahren begann, mich intensiver feministisch zu engagieren, öfter in dieser Sache unterwegs zu sein, war er schon krank, und als Alice Schwarzer dann häufiger bei uns anrief, konnte er sehr abweisend sein. Alice war ihm zu aktiv, aber die Frauenbewegung an sich fand er natürlich gut und richtig. Alexander war ein moderner Mann, der genau wusste, dass sich eine Gesellschaft auch daran messen lassen muss, wie sie ihre Frauen behandelt. Er hätte sich nie als Antifeminist bezeichnen lassen. Er war überzeugt davon, dass Frauen die gleichen Rechte haben sollen.

Wir sprachen vorhin darüber, dass es unter Frauen die Tendenz gibt, den Männern die Alleinschuld für die Ungerechtigkeiten zwischen den Geschlechtern in die Schuhe zu schieben. Im radikalen Feminismus wurde das extrem ausgelebt. Ich kann mich noch erinnern, dass Ende der Achtzigerjahre Frauen ihre kleinen Söhne nicht in den Frauenbuchladen mitnehmen durften; und heterosexuelle Beziehungen waren schon deshalb verpönt, weil man sich damit quasi zur Matratze des Feindes machte. Das kann man natürlich etwas lächerlich finden, andererseits frage ich mich, ob diese extreme Haltung nicht auch ein wichtiger Schritt war, um Distanz zum anderen Geschlecht zu bekommen, um sich von alten Werten zu befreien.

Ganz sicher. Das war doch immer so. Nehmen wir nur die Französische Revolution: Da hat sich ein Volk total unterdrücken lassen, dann war das Maß voll, man köpfte König, Königin und den Adel, und irgendwann wurde es so schlimm, dass sich die Führer der Revolution gegenseitig guillotinierten. Aber die Welt hat sich durch die Französische Revolution geändert, auch wenn ihre Radikalität wieder manche Unmenschlichkeit mit sich brachte.

Es gibt aber auch Stimmen, die behaupten, dass diese radikalen Haltungen der Frauenbewegung geschadet haben.

Man kann nicht immer gleich von vornherein klug und abwägend sein. Eine politische Bewegung lässt sich wahrscheinlich nur auf relativer Einseitigkeit aufbauen, und nur wenn man etwas auf die Spitze treibt, scheint man es auch durchsetzen zu können. Das lehrt uns die Geschichte.

Das erinnert ein wenig an die menschliche Entwicklung: Als Kind hat man gar nichts zu melden, in der Pubertät dreht man vor lauter Abgrenzungssucht und Rebellion durch, und danach wird es wieder ruhiger, differenzierter und nachdenklicher.

Ja, wenn Sie so wollen, war das die Pubertät der Frauenbewegung. Und die war wahrscheinlich notwendig, sonst wäre man nicht zu Wort gekommen.

Haben Sie diese Pubertät mitgemacht?

Das hat mich nun wirklich nicht interessiert, wenn mir irgendwelche Feministinnen vorschreiben wollten, wie ich mich zu verhalten oder zu kleiden habe. Auf diese Idee wäre ich gar nicht gekommen. Ich war auch schon zu alt, um dem Bedeutung beizumessen, meine Lebenserfahrung war größer als deren. Mir war mein Äußeres immer wichtig, ich wollte stets anständig aussehen. Es machte mir Spaß, schöne Sachen anzuziehen und mich zu schminken. Unter den Nazis war das verpönt: »Eine deutsche Frau schminkt sich nicht!«, hieß es. Zu der Zeit habe ich mir die Lippen besonders grell angemalt. Natürlich habe ich mich auch immer gern von Männern bewundern lassen. Das bleibt nicht aus, wenn man heterosexuell veranlagt ist. Ich hätte mich aber nie von einem

Mann zu etwas zwingen lassen, was mir und meinem Geschmack nicht entspricht, und mit Frauen war das nicht anders. Wir sind doch Feministinnen geworden, um uns selbst zu behaupten, und wollten uns nicht mehr von irgendwelchen Männeridealen oder unseren eigenen falschen Vorstellungen von Weiblichkeit leiten lassen. Als dann die Radikalfeministinnen mit neuen Geboten und Verboten versuchten, Frauen wieder zu diktieren, wie sie zu sein haben, war das für mich nicht akzeptabel. Sicher, es war eine Form der Abgrenzung, und auf neue Art zum Beispiel über das Diktat der Schönheit nachzudenken machte auch Sinn. Wenn diese Abgrenzung allerdings in einer neuen Ideologie mündet, in neuen Vorurteilen und neuem Fanatismus, hat das mit Emanzipation nicht mehr viel zu tun. Was für mich Feminismus ist, erlaube ich mir in meinem Alter selbst zu bestimmen.

Und wie sieht Ihre Auffassung von Feminismus aus?
Ich bin immer der Meinung gewesen, dass Frauen mehr zu sagen haben sollen und auch mehr zu sagen hätten, als man ihnen das lange Zeit zugestehen wollte. Sie müssen selbst nachdenken, selbst entscheiden und selbst herausfinden, was ihnen Spaß macht. Sie müssen erwachsen werden, so wie jeder Mensch erwachsen werden muss. Das ist unsere Aufgabe, verdammt noch mal! Wir können nicht als ewig abhängige Babys, die zufällig Frauen sind, durchs Leben kriechen. Und zum Erwachsenwerden brauchen wir keine Fanatiker, weder männliche noch weibliche.

**Schade ist nur, dass Worte wie »Feministin« oder »Emanze«
selbst heute noch für viele Frauen so einen schlechten Bei-
geschmack haben, weil sie damit sofort Achselhaare, lila
Latzhosen und »Hilfe, ich werde unterdrückt!«-Schreie asso-
ziieren.**

Emanzipation nur damit in Zusammenhang zu bringen ist
natürlich auch eine etwas primitive und ahnungslose Sicht
der Dinge. Das Wort »Emanzipation« hat schließlich nicht
die Frauenbewegung erfunden. Es ist ein sehr alter Begriff. Er
bedeutet Befreiung aus einem Abhängigkeitsverhältnis und
bezog sich ursprünglich auf die Befreiung von Sklaven, auf
die Befreiung der Unterdrückten aus der Hand der Unter-
drücker. Abgesehen davon wissen viele Frauen einfach überhaupt nicht mehr, was sie den Feministinnen zu verdanken
haben.

**Denkt man an die deutsche Frauenbewegung, fällt einem sofort
Alice Schwarzer ein. Sie sind seit vielen Jahren befreundet. Was
schätzen Sie an ihr?**

Sie ist eine echte Selfmadefrau, und ich finde es absolut erstaunlich, was sie trotz ihrer mühseligen Kindheit aus sich,
ihrem Verstand und ihren Fähigkeiten gemacht hat, wie sie
sich bis heute durchsetzt. Dafür habe ich sie von Anfang an
bewundert. Sie war ja an feindselige Ressentiments gewöhnt
und hat sie mit erstaunlichem Gleichmut ertragen, aber ich
wollte ihr zuhören, sie verstehen. So fing es mit uns eigentlich an. Wir waren dann auch viel zusammen, zum Beispiel als
wir von Jan Philipp Reemtsma gebeten wurden, gemeinsam
mit zwei angesehenen Männern Mitglieder im Beirat seiner
damals neu gegründeten Stiftung zu werden. Es hat uns großen Spaß gemacht, was wir da alles bewirken konnten.

Wenn zwei so starke, kluge und selbstbewusste Frauen aufeinandertreffen, gibt es aber nicht nur pure Harmonie, oder?

Natürlich hatte ich mit Alice durchaus Zeiten der Auseinandersetzungen, aber die waren nie bösartig. Wir haben uns immer anerkennen können, auch in unserer Unterschiedlichkeit. Ich bin außerdem um einiges älter als sie, führe ein ganz anderes Leben, habe entsprechend andere Erfahrungen gemacht und konnte in unserer Beziehung vielleicht hier und da mütterliche Funktionen übernehmen, obwohl Alice mir nie das Gefühl vermittelt hat, alt zu sein. Das macht ihr so leicht niemand nach.

Wie kommt es, dass Alice Schwarzer zu dieser Galionsfigur wurde?

Sie war immer bereit, etwas zu lernen, sie ist sehr klug, kann sehr gut schreiben und wunderbar reden, obwohl sie von Haus aus nicht unbedingt dem Bildungsideal des deutschen Mittelstands entsprach. Sie hat das alles mit eigener Kraft geschafft. Vielleicht gelingt es ihr auch deshalb, so viele verschiedene soziale Schichten anzusprechen.

Und sie hat natürlich nie den Mund gehalten und konnte viel ertragen. Über sie wurde ja kübelweise Dreck ausgeschüttet.

Unglaublich war das, unglaublich! Was ist sie beschimpft worden, absolut unter der Gürtellinie. Diese Häme habe ich immer gehasst! Das hat sicherlich auch unsere Freundschaft gefestigt. Nein, ich habe Alice für ihre Stärke immer bewundert. Ich weiß nicht, ob ich es zustande gebracht hätte, mich so zu wehren wie sie.

Sobald Frauen an die Öffentlichkeit gehen, sich rauswagen, ihre Meinung sagen und ihre Rechte wahrnehmen, kommen ganz schnell Männer und Frauen um die Ecke geschossen, die ihnen die Weiblichkeit absprechen und auf ihnen herumhacken. Dann heißt es »Mannweib«, dann geht es um die Frisur, darum, dass der Busen womöglich hängt oder wie die Figur aussieht. Was steckt hinter diesen Reaktionen?

Frauen sollen gütig, hilfsbereit, ansehnlich und aufopfernd sein, aber sich auf keinen Fall behaupten. Das verbindet man traditionell nicht mit Weiblichkeit. Und Menschen, die dieser Wertewelt huldigen, die nicht offen sind für andere Sichtweisen, fühlen sich angegriffen, wenn jemand durch sein Verhalten diese Vorstellungen und Bilder infrage stellt. Alle Menschen wohlgemerkt, Männer u n d Frauen. Die sind ja oft sehr identifiziert mit der traditionell von Männern geprägten Wertewelt und wollen genauso wenig nachdenken, genauso wenig lernen, sich und die Welt neu zu sehen.

Es ist aber immer wieder diese Entwertung des Äußerlichen, mit der man Frauen kriegen kann: Sei es nun, dass man sich über Heide Simonis' Ohrringe lustig macht oder über den Schweißfleck auf dem Abendkleid der Kanzlerin bei den Bayreuther Festspielen.

Und im Grunde ist es ein idiotischer Angriffspunkt. Man erniedrigt Frauen zu einem rein leiblichen Wesen, das nur dazu da ist, Männer sexuell anzuregen. Blödsinnig! Es gibt Frauen, die werden schön geboren, was immer das auch sein mag, und andere sind eben weniger begünstigt. Männern ergeht es nicht anders, nur spielt das bei ihnen seit ewigen Zeiten keine so große Rolle wie bei Frauen, die lange Zeit vor allem gut aussehen sollten. Das machte ihren Wert aus.

Daran hat sich bis heute so viel nicht geändert, und wir messen uns leider auch selbst an den Schönheitsidealen, die uns ständig vor Augen gehalten werden.

Sicher, einem gewissen Schönheitszwang unterliegen wir bis heute. Gut, es bereitet wie gesagt Freude, sich hübsch zu machen, und das Leben ist ohne Zweifel viel angenehmer, wenn man einigermaßen ebenmäßige Gesichtszüge und eine wohlgeformte Figur hat. Schon allein, weil wir in einer medialen Gesellschaft leben, in der diese Idealbilder allgegenwärtig sind. Wir erleben tagtäglich, dass von Frauen erwartet wird, diesen Idealen zu entsprechen, und wir passen uns meistens in irgendeiner Form den Regeln der Gesellschaft an. Warum sollte es uns auch keinen Spaß machen, uns zu pflegen? Aber wenn man verzweifelt irgendwelchen irrwitzigen Modelvorstellungen nachhängt, kaum noch etwas isst oder sich das Fett für viel Geld absaugen lässt, wenn man permanent ums Aussehen kreist, hat das mit Freude nichts mehr zu tun. Das kann zu einem Zwang krankhafter Natur werden. Nein, wir müssen eine Balance zwischen notwendiger Anpassung und Eigenständigkeit finden, was zum Erwachsenwerden dazugehört. Wir können nicht immer so tun, als würden nur die anderen über uns bestimmen, dann bleiben wir ewig Kinder. Wir müssen uns schon auch um unsere eigenen Standpunkte bemühen, und das geht nur, wenn man sich gegen die jeweiligen Ideale auch zur Wehr setzt, anstatt sich der Mode mit ihren wie auch immer gearteten Auffassungen von Schönheit völlig zu unterwerfen. Es gibt durchaus Frauen, denen das gelingt, aber viele tun sich in der Tat schwer damit. Sie haben so sehr verinnerlicht, top aussehen zu müssen, dass sie ihr Selbstwertgefühl allein davon abhängig machen.

Aber selbst wenn ich weiß, dass es Blödsinn ist und die Werte verquer sind, tut es trotzdem weh, wenn ich mich nicht attraktiv finde oder sich andere über mich lustig machen.

Tja, das liegt aber dann an Ihnen, mein Kind. Sie können nicht immer die böse Welt für Ihr Unglück verantwortlich machen, damit müssen Sie schon selbst fertig werden. Alice Schwarzer hat diese wirklich widerlichen Lästereien über ihr Aussehen auch ausgehalten. Sie weiß, dass sie sich nur auf sich selbst und ihre eigene innere Kraft verlassen kann. Neulich sagte sie mal: »Glaub doch nicht, dass ich körperlich nicht schwach wäre! Ich bin umzupusten. Nur habe ich gelernt, mich mit meinem Mundwerk zu wehren.« Wissen Sie, Ihnen kann doch gar nichts passieren, wenn Sie sich gegen solche Angriffe immunisieren, ob es nun um Ihre Erscheinung oder um andere Dinge geht. Ich stecke schon durch mein Alter nicht mehr so drin. Wenn jemand etwas über mich sagt, das ich nicht einsehe, ist mir das ziemlich wurscht. Das kränkt mich nicht. Ich weiß, was stimmt und was nicht, und ich kann wichtig von unwichtig durchaus unterscheiden.

Und wie schafft man es, sich ein dickes Fell zuzulegen, wenn man noch nicht die Erfahrung und Weisheit des Alters hat?

Wenn einem noch sehr viel wichtig ist, man noch so sehr im Leben steht wie Sie, wird man immer verletzbar sein. Aber man sollte sich zumindest fragen, ob es sich wirklich lohnt, sich von Kritik so berühren zu lassen, darüber nachdenken, warum sie einen so trifft, was da eigentlich los ist. Das ist die einzige Möglichkeit, die man hat. Außerdem leben wir ja nun in keiner Diktatur mehr, wo man wegen seines Denkens, Seins und Handelns gehenkt werden kann. Strecken Sie den

Kopf ruhig raus, wagen Sie es, Ihren eigenen Weg zu gehen – es besteht keine Lebensgefahr. Das finde ich sehr tröstlich, und ich habe es nach dem Krieg als großes Glück empfunden, aussprechen zu dürfen, was ich denke, zu tun, was ich für richtig halte, zu sein, wer ich bin. Nicht mehr alles schlucken zu müssen, ohne Angst zu haben, deswegen womöglich umgebracht zu werden.

Zumindest mussten Sie immer wieder heftige Kritik einstecken: für Ihre Befürwortung der Legalisierung von Abtreibung oder als Sie 1978 mit Luise Rinser, Alice Schwarzer und anderen prominenten Frauen die Zeitschrift *Stern* wegen eines aus Ihrer Sicht sexistischen Covers verklagten, das eine nackte schwarze Frau zeigte. In der Presse wurden Sie damals unter anderem als »freudlose Grauröcke« und »zensurgierige Emanzen« diffamiert.

Ach Gott, man hat mir in meinem Leben auch schon einiges angedroht: Man wollte mich überfallen, vergasen und mir gewisse Flüssigkeiten ins Gesicht spritzen. Aber ich habe nicht mal besondere Furcht empfunden, geschweige denn dass es mein Selbstwertgefühl im Geringsten berührt hätte. Wenn ich hinter etwas stand, konnten mir Anfeindungen und Kritik nichts anhaben. Ich fühlte mich eher überlegen.

Die Rolle der streitbaren Frau hat Ihnen demnach auch Spaß gemacht?

Klar! Es hat mir mehr Spaß gemacht, als dass es mich bedrückte. In der Nazizeit hätte ich es nicht gewagt, da geriet man schon wegen geringfügiger Kritik in die Hände der Gestapo, und später dachte ich: »Endlich darf ich noch mal so etwas wie Mut zeigen, ohne Todesangst zu haben.«

Sie hatten also nicht, wie viele Frauen, die Befürchtung, nicht gemocht zu werden?

Wenn mich Menschen beschimpften, die ich sowieso grauenvoll fand, war das eher eine Bestätigung für mich. Kritisierte mich allerdings ein kluger, nachdenklicher Mensch, dessen Urteil ich annehmen konnte, lag die Sache natürlich anders. Unter den Psychoanalytikern gab es viel Rivalität, und negative Meinungen über mich konnten mich selbstverständlich schon sehr treffen. Wenn ich aber erkannte, dass die Person wirklich mehr wusste als ich und mir auf ihrem Gebiet interessante Dinge zu vermitteln vermochte, die ich noch nicht verstanden hatte, war das auch ein Gewinn. Doch die Sprüche irgendwelcher Leute, die prinzipiell gegen Emanzipation waren, Realitäten nicht sehen wollten und ressentimentgeladene Kritik losließen, weil sie keine Veränderungen im Rollenverständnis für notwendig hielten, konnten mir nichts anhaben.

Zu entscheiden, welchen Schuh man sich anzieht, ist allerdings auch eine Kunst.

Ich habe mir nie jeden Schuh angezogen, auch nicht jeden Schuh der Feministinnen. Ihre Touren mit Kartenlegen und Esoterik, wenn sie ihr Heil in den Sternen suchten, oder ihre Befehle, von wegen Frauen dürfen keine Macht haben und sich nicht schön machen: Das fand ich Quatsch. Dieses ideologische »Du musst so und nicht anders sein!«, das es auch in der Frauenbewegung gab, nein, das ist nichts für mich. Ohne Freiheit des Denkens scheint mir das Leben wenig lebenswert.

Lange Zeit waren Frauenbewegung und Emanzipation in der öffentlichen Diskussion kein großes Thema mehr. Jetzt, vor dem Hintergrund des Geburtenrückgangs, wird wieder heftig darüber debattiert. Da wird gefragt, ob die Emanzipation nicht ein Irrtum gewesen sei, und es fallen Sätze wie: »Frauen sollen ihren Egoismus zurückstellen und sich wieder ihrer eigentlichen Rolle als Frau und Mutter widmen«, »Wenn die klassische Rollenverteilung eingehalten wird, so hat das in aller Regel dauerhafte Harmonie und Frieden in den Familien zur Folge« oder »Der überzogene Wunsch nach Emanzipation ist Mitverursacher der Kinderlosigkeit in Deutschland«.

Das ist sehr deutsch. Solche Sätze würde man in Frankreich oder England von ernst zu nehmenden Menschen nicht hören. Da sieht man wieder dieses seit Jahrhunderten zurückgebliebene Volk der Deutschen, das Nation und Demokratie lange nicht vereinigen konnte und immer noch hierarchischen Vorstellungen anhängt: Der Mann ist mehr wert, und Frauen sollen Kinder für ihr Land bekommen. Blödsinnig!

Ein Argument fanden wir beide zumindest interessant und nachdenkenswert: Eine Kollegin von einer großen deutschen Wochenzeitung konstatierte, dass die Frauenbewegung Kinder und Familie immer als etwas Unterdrückerisches gesehen habe, von dem man sich befreien müsse, man dabei jedoch außer Acht gelassen hat, dass eine Familie auch zum Lebensglück gehören kann.

Das ist eine sehr individuelle Sicht der Dinge. Lange Zeit bedeutete Familie tatsächlich Unterdrückung. Für die Familie mussten Frauen alle anderen Interessen zurückstellen. Sie hatten ausschließlich für ihren Mann, die Kinder und den Haushalt da zu sein. Im Grunde steckt das bei uns doch bis heute in den Köpfen. Seit Generationen kann man sich in Deutschland nur vorstellen, dass eine Frau sich gefälligst um ihre Familie kümmern soll, anstatt endlich durchzusetzen, dass der Staat entsprechende Einrichtungen wie Krippen oder Ganztagsschulen schafft, die es zur Selbstverständlichkeit machen, dass sich Frausein, Berufstätigkeit und Kinderhaben zufriedenstellend verbinden lassen. In anderen Ländern ist man da längst viel weiter. Daran können Sie wieder sehen, dass die Rollenvorstellungen bei uns nach wie vor noch sehr, sehr traditionell sind, sehr viel traditioneller als in England, Frankreich oder den USA.

Betrachtet man die Sache ganz ketzerisch, hat das Pochen auf Gleichberechtigung viele Dinge nicht gerade vereinfacht. In Beziehungen hat es zum Beispiel dazu geführt, dass Paare versuchen, Aufgaben mithilfe eines imaginären Rechenschiebers gerecht zu verteilen, damit auch ja keiner zu kurz kommt.

Das kann natürlich nie funktionieren. Es gibt keine völlige Gerechtigkeit in der Natur, und der Mensch gehört nun mal zur Natur. Diese Vorstellung, dass jeder das Gleiche tun oder haben soll, wäre zwar schön, vorausgesetzt, alle würden über die gleichen Ressourcen verfügen, wären gleich klug, gleich attraktiv, gleich gesund und so weiter. So ist das leider nicht, was das Leben aber auch spannend macht. Jeder hat seine Stärken und Defizite, der eine tut dieses gern, der andere jenes, der eine kann eine Sache ertragen, der andere hält sie nicht aus. Auf diese Unterschiede muss man gegenseitig so weit als möglich eingehen. Meinem Mann und mir war es sehr wichtig, für die jeweiligen Interessen des anderen Verständnis aufzubringen und wenn möglich voneinander zu lernen. Rückblickend bewundere ich seine Geduld mit mir, meinen Vorlieben und Schwächen. Natürlich beruhte das auf Gegenseitigkeit, aber er hatte mehr aufgegeben als ich, was ich erst langsam erkennen und schätzen konnte. Er war von seiner zweiten Frau doch recht verwöhnt, da musste er im Haushalt bestimmt nicht oft mit anpacken, dazu habe ich ihn erst motiviert. Ich war auf Haus und Küche ja nicht wirklich eingestellt, war es gewöhnt, dass mir jemand dabei hilft, und ich wollte keine schlechte Laune bekommen, wenn ich vor einem Berg Abwasch stehe. Also haben wir es uns geteilt, und alle konnten zufrieden sein: Er, weil er am nächsten Morgen in eine ordentliche Küche gehen konnte, und ich, weil es nicht an mir allein hängen blieb. Nein, eine Beziehung kann nur funktionieren, wenn man einerseits sich selbst behauptet, seine eigenen Lust- und Unlustgefühle verteidigt, aber auch verändert, wenn es notwendig sein sollte. Andererseits darf man den Partner nicht behindern. Man muss anerkennen, dass der andere Bedürfnisse hat, die man selbst nicht teilt, und dazu gehört auch, dass man diese trotzdem zu verstehen versucht, sofern man sich dabei nicht völlig aufgibt. Mit einem Rechenschieber klappt das nicht.

Gleichberechtigung heißt also nicht, dass jeder das Gleiche bekommt?
Im politischen Kontext kann man Gleichberechtigung durchaus real und konsequent umsetzen: Frauen müssen die gleichen Bildungschancen haben, sie müssen wählen und über ihr Leben genauso frei bestimmen dürfen wie Männer. Und natürlich wirkt sich eine rechtlich ungleiche Behandlung auf Beziehungen aus. Sie hat es lange Zeit ermöglicht, dass Männer über Frauen bestimmen, ihnen zum Beispiel verbieten

konnten, einen Beruf auszuüben. Gesetze sind die Grundlage dafür, dass Frauen überhaupt die Chance haben, ihre Bedürfnisse zur Geltung zu bringen. Dafür haben wir Feministinnen mit großer Berechtigung gekämpft. Aber eine Gefühlsbeziehung wie etwa die Ehe lässt sich nicht völlig durch Paragrafen regeln. Da muss schon jeder ein Feingefühl für den anderen entwickeln, und es sollte zu einem gegenseitigen, intimen Verständnis kommen.

Auch bei der Partnersuche scheint es uns nicht unbedingt geholfen zu haben, dass wir durch die Errungenschaften der Frauenbewegung stärker und selbstbewusster geworden sind. Ich saß zum Beispiel neulich mit jungen Wissenschaftlerinnen zusammen, und die sagten unisono, dass ihnen die Männer abhauen, sobald sie erfahren, dass sie nicht als Hilfskraft oder Sekretärin arbeiten, sondern Professorin werden oder überhaupt Karriere machen wollen.

Die Frauen sollen doch froh sein, wenn sie Männer loswerden, die nicht erwachsen werden wollen und keine starke Partnerin ertragen können. Ich würde, ehrlich gesagt, keinen als Partner akzeptieren, der mich wegen meiner Intelligenz nicht will.

Aber es ist doch erschütternd, dass offenbar selbst junge Männer ein Problem mit starken Frauen haben.

Mich erschüttert das überhaupt nicht. Das ist eben so, solche Männer hat es immer gegeben und wird es immer geben. Männer waren es über sehr, sehr lange Zeit hinweg gewohnt, die Herrenrolle zu spielen, wobei es natürlich auch unter ihnen eine Hierarchie gab und gibt. Und wenn sie immer noch in den Köpfen haben, dass sie mehr wert sind als Frauen, können sie es eben nicht ertragen, wenn sie merken, dass es nicht so ist. Das ist die Dummheit mancher Männer, die man auch bedauern kann.

Das klingt, ehrlich gesagt, etwas aussichtslos. Was macht man denn dann als beruflich erfolgreiche, womöglich noch gut verdienende Frau, wenn man keinen Mann findet, der »trotzdem« bei einem bleiben will?

Ich weiß, wie schmerzlich es ist, wenn einem einer wegläuft, den man gern behalten will; das weiß ich sehr genau. Aber als politisch interessierte Feministin kann ich nicht dafür kämpfen, dass Männer keine Angst vor intelligenten Frauen haben. An dieses Problem muss man anders rangehen. Man muss nachdenken, was wirklich dahintersteckt, warum er das tut, wie man selbst darauf reagiert und ob man eben wirklich einen haben will, der sofort das Weite sucht, wenn er nicht die Nummer eins ist. Frauen, die einfach nur tönen: »Mir laufen die Kerle weg, weil ich zu schlau bin«, finde ich offen gestanden lächerlich. Wenn sich zwei wirklich mögen, sind sie auch in der Lage, das gemeinsam zu bewältigen. Es ist doch eine absolut menschliche Eigenschaft, dass man dem anderen überlegen oder zumindest nicht unterlegen sein will und um Macht konkurriert – einer mehr, einer weniger. Diese Eigenschaft muss man erkennen, ein Stück weit auch ertragen, und versuchen, durch Verstehen etwas zu verändern. Wenn man wirklich einen Mann liebt, der es schwer aushält, mit einer Frau zusammen zu sein, die erfolgreicher ist oder mehr Geld verdient, kann man sicher einen Zugang zu ihm finden, auch wenn einem seine Reaktion im ersten Moment recht armselig erscheint. Er muss allerdings auch verstanden werden wollen und genauso bereit sein, sich damit auseinanderzusetzen, zu kapieren, warum er dieses Verhalten an den Tag legt. Wenn nicht, dann bleibt einem nichts anderes übrig, als sich damit abzufinden, dass es dieser Mann dann eben nicht ist.

Es sind jetzt wieder Rufe nach einer neuen Frauenbewegung laut geworden. Wie finden Sie das?
Ich habe nichts dagegen. Sollen sich die jungen Frauen doch immer wieder zu neuen Ufern aufraffen, über ihre Situation nachdenken, auf andere Länder verweisen und vom Staat und der Gesellschaft verlangen, dass man die Frauen ernst nimmt. Aber um auf die Straße zu gehen, müssen die Missstände wohl erst noch viel drängender werden, und die Frauen müssen überzeugt von ihren Forderungen sein. Allerdings ist es bei vielen so in Fleisch und Blut übergegangen, wie eine Frau sein soll, was ihre Aufgabe ist, dass sie Ungerechtigkeiten gar nicht mehr sehen und dementsprechend auch nicht um Veränderung kämpfen.

Es ist aber viel einfacher, wie früher dafür einzutreten, dass Frauen auch ohne Erlaubnis ihres Ehemanns arbeiten dürfen, als sich auf die Straße zu stellen und zu verlangen: »Wir wollen nicht, dass Frauen in Führungspositionen als kalte Kampfweiber diffamiert werden!«
Ja, wir wollen eine andere Atmosphäre. Zum Beispiel eine, in der es völlig selbstverständlich ist, dass Frauen Kinder haben u n d arbeiten. Das wäre ein ganz entscheidender Schritt weg vom klassischen Rollenbild, das Weiblichkeit mit Duldsamkeit, Mundhalten und Häuslichkeit verbindet. Wenn wir endlich die entsprechenden Institutionen hätten, würde das sehr viel daran ändern, welchen Platz und welche Freiheiten man Frauen in dieser Gesellschaft wirklich zugesteht. Und dafür

kann man sehr wohl kämpfen, als Frau und als Mann. Es wäre wichtig, dass auch die Männer kapieren, dass sie deutlich mehr von einer Frau haben, die selbstständig ist und ihnen Paroli bieten kann. Das Leben ist doch reizlos, wenn die Frauen sich nicht entfalten können, wenn sie dumm bleiben und sich ausschließlich auf Haushalt und Familie beschränken sollen. Sind die Kinder erwachsen, wollen sie nicht mehr mit ihren Müttern reden, weil sie sie nicht ernst nehmen, die Männer befriedigen ihre intellektuellen und sonstigen Gelüste anderswo, und die Frau ist die Langweilerin, die als gute, liebe Nicht-Rabenmutter brav daheimgeblieben ist.

Wenn Sie in einen Raum voller junger Frauen um die zwanzig kämen, was würden Sie von denen gern wissen wollen?
Gar nichts, das gebe ich ehrlich zu. Natürlich habe ich durch meine beiden Enkeltöchter, die mir sehr nahestehen, mit dieser Generation zu tun, und ich kann mir recht gut vorstellen, was in den Köpfen der Zwanzigjährigen vor sich geht. Allerdings interessieren sie mich relativ wenig, sofern ich sie nicht gerade liebe. Ich finde, die sollen etwas wissen wollen! Ich war früher, und bin es immer noch, sehr interessiert an Menschen, die mehr wissen als ich. Ich lebte davon, etwas Neues zu erfahren: von älteren Frauen und Männern, die mir etwas zu sagen hatten, von der Universität und später von der Psychoanalyse, die mir Erkenntnisse vermittelten. Ich wollte die Welt in ihrer ganzen Differenziertheit kennenlernen. Und, verdammt noch mal, die Zwanzigjährigen sollten ebenfalls daran interessiert sein, wenn sie überhaupt lebendige, denkende Menschen werden wollen. Da werde ich mit meinen fast neunzig Jahren doch nicht hingehen und neugierig auf diese Mädchen sein! Das sind doch unbeschriebene Blätter.

Und was würden Sie auf diese Blätter schreiben?

Ich halte mich nicht für so großartig, dass ich ein ausgesprochenes Sendungsbewusstsein hätte. Meinetwegen können sie die paar Bücher lesen, die ich geschrieben habe, aber das ist ihre Sache, nicht meine. Allerdings würde ich ihnen schon mitgeben wollen, nicht engstirnig zu denken. Sie sollten so viel wie nur irgend möglich von der Welt verstehen, begreifen, welche Rolle sie in diesem Augenblick der Geschichte in ihr haben. Sie sollten selbstreflexiv sein, erkennen, dass sie eines Tages sterben werden und es ihre Verantwortung ist, diese Welt in einem möglichst menschlichen Zustand zu hinterlassen.

Das heißt, Sie wünschen sich, dass die jungen Frauen weniger oberflächlich sind?

Was heißt oberflächlich? Ich will ihnen gar nicht die Lust an neuen Klamotten, Jungs, Festivitäten oder am eigenen Auto vergrätzen. Das macht alles furchtbar viel Spaß, das gehört dazu, gerade wenn man jung ist und das Glück hat, Eltern zu haben, die einem das bezahlen können. Aber sie müssen sich klarmachen, dass dieses Alter mit zwanzig nur ein sehr begrenzter Abschnitt ist, dass die Zeit Sekunde für Sekunde, Stunde für Stunde, Tag für Tag weitergeht. Sie sollen ihr Leben ruhig genießen, aber deswegen nicht total auf diesen einen Moment und ihre kleine Welt beschränkt sein.

5. KAPITEL

Eine unbeugsame Frau

»Das Leben wird gegen Abend, wie die Träume gegen Morgen, immer klarer.«

KARL JULIUS WEBER

Frau Mitscherlich, können Sie sich erinnern, wann Sie das erste Mal dachten: »Ich werde alt«?

Mit siebzehn. Ich glaubte, das sei nun der Höhepunkt meines Lebens und dass es ab achtzehn nur noch schlechter werden kann. Mit fünfundzwanzig habe ich dann die ersten Falten in meinem Gesicht gesehen und dachte wieder: »O Gott, jetzt wirst du definitiv alt, jetzt ist alles zu Ende.« Vierzig zu werden fand ich auch nicht schön, na, und der fünfzigste Geburtstag war noch schlimmer.

Das klingt nicht gerade nach einem entspannten Verhältnis zum Älterwerden.

Ich glaube, es gehört zum Menschsein, solche Gedanken zu haben. Das ist doch ganz natürlich. In dem Moment, wo wir geboren werden, geht es mit jedem Tag weiter aufs Sterben zu. Das ist die einzige Sicherheit, die jeder von uns hat, und damit setzt man sich auseinander. Es bleibt einem ja auch nichts anderes übrig. Wie heißt dieses alte Sprichwort? »Wer nicht alt werden will, muss jung sterben«, sehr banal, aber sehr wahr.

Hatten Sie früher eine Vorstellung von sich als alter Frau, wie Sie sein, wie Sie leben möchten?

Ich habe nie so lange vorausgedacht. Ich bin ja doch ein Mensch, der eher von Tag zu Tag lebt. Das habe ich immer getan.

Sie sind keine Planerin?

Nein! »Es genügt, dass jeder Tag seine eigene Plage hat«, steht in der Bibel, und so war es für mich auch: Es gab genug zu tun an jedem einzelnen Tag. Das bedeutet nicht, dass ich total chaotisch bin und mir gar keine Gedanken über die Zukunft mache. Ich habe schon auch ein paar Sicherheiten in meinem Leben; zum Beispiel weiß ich, dass ich hier in der Wohnung bleiben kann, weil sie mir gehört. Dann gibt es noch unser Haus im Tessin. Es ist ein schönes Haus, das einzige, das wir je besessen haben, und ich liebe es sehr. Es liegt am Hang und hat einen wunderbaren freien Blick auf den See. Wir haben es vor über dreißig Jahren nach unseren Wünschen bauen lassen, und als mein Mann noch lebte, waren wir oft über Monate hinweg dort. Aber wie lange ich noch hinfahren kann, ist fraglich. Wenn ich zu Besuch bin, überlege ich jedes Mal, wann ich wohl wiederkomme, ob ich überhaupt wiederkomme, wie lange ich das Reisen noch schaffe, wie lange ich die Treppen im Haus noch gehen kann. Man braucht auch ein Auto, um in den Ort zu fahren, und weil ich mich nicht mehr ans Steuer setze, muss ich jemanden haben, der mich begleitet.

Alter ist im Grunde erst mal nur eine Zahl und nicht unbedingt eine Zustandsbeschreibung. Wie alt fühlen Sie sich denn mit Ihren beinahe neunzig Jahren?

Durchaus so alt, wie ich bin. Freud hat mal gesagt, dass das Ich vor allem ein Körper-Ich ist, und insofern spüre ich meine Jahre sehr wohl. Mein Körper ist eigentlich zu einer Art Anhängsel geworden, zu etwas, das einigermaßen mühsam in Gang zu setzen ist und mir nicht mehr wie früher völlig selbstverständlich zur Verfügung steht. Die Muskelkraft hat merklich nachgelassen, und ich kann nur noch sehr schlecht laufen. Wenn ich die Wohnung verlasse, brauche ich meine Krücken oder den kleinen Gehwagen, an dem ich mich abstützen kann. Neulich habe ich zu Freunden gesagt: »Ich bin kein Mensch mehr, denn ein Mensch geht auf zwei Beinen und hat seine Hände zur Verfügung, das charakterisiert ihn.« Mein Körper ist also kein menschlicher Körper mehr, andererseits kann ich mir natürlich noch ganz genau vorstellen, wie er sich früher angefühlt hat. Ich hatte sehr viel Lust am Laufen, am Schwimmen, an Bewegung überhaupt.

Wann fingen diese Schwierigkeiten an?

Ich habe schon länger gemerkt, dass das Gehen mühsamer wird, dass ich dabei ein bisschen wackele. Richtig geschockt hat mich dann, als eine Nachbarin, die seit Jahren mit mir hier im Haus wohnt, plötzlich sagte: »Frau Mitscherlich, Ihr Gang hat sich ja so verändert.« In der Deutlichkeit ist mir das nicht klar gewesen. Und dann kam diese Achillessehnen-Geschichte vor ungefähr vier Jahren.

Ist sie gerissen?

Ja, sie wurde genäht, aber sie wollte einfach nicht heilen. Ich musste endlos liegen, fast ein Jahr lang, und danach war es aus. Seitdem sind die Streckmuskeln der Arme und Beine geschwächt. Dann sind mir noch die Wirbel am Hals zusammengefallen. Das musste operiert werden, nur ist jetzt die nervliche Versorgung vor allem einer bestimmten Muskelgruppe ausgefallen, und geschrumpft bin ich auch. Acht Zentimeter! Das muss man sich vorstellen. Früher war ich mit meinen eins fünfundsechzig normal groß. Aber dass ich nicht mehr richtig laufen kann, das ist das Schlimmste. Meine Achillessehne hat mir quasi das Genick gebrochen.

Sie lachen, wenn Sie das sagen.

Es ist doch lächerlich, darüber zu klagen.

Klagen ist nicht Ihr Ding?

Wenn sich durch Jammern etwas ändern würde, würde ich von morgens bis abends jammern. Aber da es so überflüssig wie ein Kropf ist, lasse ich es eben.

Macht es Sie denn wütend, dass Ihr Körper nicht mehr so recht will?

Ach Gott, ich bin nicht so blöd, dass ich mich damit nicht abfinden kann. Ich habe mich eigentlich immer mit Tatsachen arrangiert, insofern war ich ein vernünftiger Mensch. Ich habe immer versucht, die Realität zu sehen und mit dieser Realität so viel wie nur irgend möglich anzufangen. So erlebe ich auch die Wirklichkeit meines Alters und tue, was ich dagegen tun kann. Ich versuche, mich anzustacheln, mich beweglich zu halten, zu laufen und Gymnastik zu machen – so mühsam es ist. Man kann vieles tun, vernünftigerweise.

Sie turnen?

So gut wie möglich, jeden Morgen. Habe ich heute auch schon getan, vor dem Fernseher mit einer Matte auf dem Boden. Ich muss eine Anleitung dafür haben.

Üben Sie zu Fitness-Videos oder -DVDs?

Ich habe zwar viele Kassetten, aber bei meinem neuen Fernseher funktioniert der Rekorder irgendwie nicht. Ich merke mir jetzt einfach die Zeiten, zu denen Gymnastik gezeigt wird.

Ich hoffe ja immer, dass man durchs Älterwerden nicht nur verliert, sondern auch gewinnt, dass man zum Beispiel ein paar Sachen dazulernt.

Wenn man nicht total rigide und neurotisch ist, macht man im Laufe der Zeit immer wieder neue Erfahrungen, lernt immer etwas dazu. Das ist ein Prozess, der ein ganzes Leben lang andauert. Schon in der Schule werden wir mit alten Kulturen wie Rom und Griechenland konfrontiert und vergleichen sie mit der unsrigen. Wir lernen andere Menschen kennen, andere Sprachen, eignen uns Fähigkeiten an, und je mehr wir lernen, je mehr wir uns auch mit Beziehungen auseinandersetzen, desto mehr neue Gedanken und Ideen entwickeln wir. Und so zwingt uns auch das Alter, neu zu denken und zu lernen.

Fühlen Sie sich weise?

Zu dem Begriff habe ich wenig Beziehung. Man hat ja noch so eine kindliche Vorstellung von einer weisen Frau oder einem weisen Mann, die im Sessel sitzen und Ratschläge geben. Nun hasse ich aber Ratschläge, weil man mit denen nie wirklich was anfangen kann. Man kann mit Menschen sprechen, sie versuchen zu verstehen, vielleicht dem ein oder anderen ein bisschen helfen, Vorurteile und falsches, auch menschlich falsches Denken aufzugeben. Aber jemandem Ratschläge zu erteilen, nein, da zündet bei mir nichts. Das bleibt leer, das erzeugt keinen Widerhall in meinem Inneren.

Wir können das Wort »weise« auch durch »lebenserfahren« ersetzen.

Ich glaube, ich habe mittlerweile eine ganz gute Menschenkenntnis, und ich habe gelernt, mich von außen, mich mit einer gewissen Distanz zu sehen. Das ist in der Tat das Wichtigste, was einem die Psychoanalyse vermitteln kann: sich selbst zu verstehen und zu erkennen. Zu sehen, wie viel andere Menschen in einen hineinprojizieren, und auf diese blödsinnigen Projektionen nicht mehr mit eigenen Projektionen zu reagieren, zu kapieren, warum sich der andere manchmal so idiotisch benimmt und man selbst wohl auch. Das Angenehme am Alter ist wirklich, dass man weiß, wer man ist, und dass die anderen genauso verrückt sind wie man selbst gelegentlich. Man toleriert viel mehr, ist auch sich selbst nicht mehr so furchtbar böse. Ich empfand immer eine gewisse Lust daran, mir Vorwürfe zu machen, mich vor mir selbst als besonders erbärmlich darzustellen, und es gab viele Dinge, die ich mir übel genommen habe: dass ich meinen Sohn zeitweilig weggegeben habe, meine Eifersuchtsanfälle, wenn ich log oder neidisch war. All diese blödsinnigen Schuldgefühle habe ich nicht mehr. Mein Sohn ist jetzt ein Mann von Ende fünfzig und führt sein Leben, wie er es für richtig hält. So gesehen trage ich für ihn und seine Entwicklung schon lange keine Verantwortung mehr. Außerdem geht es ihm bestens.

Endlich keine Schuldgefühle mehr! Das klingt verdammt gut!
Schuldgefühle sind furchtbar! Sie werden uns durch unsere Erziehung eingepflanzt und durch dieses von der Kirche oft so falsch vermittelte Christentum. Wir schleppen sie mit uns rum, sie quälen uns, aber Schuldgefühle ändern nichts. Sie machen uns nur das Leben schwer. Allerdings sollten wir nicht vergessen, dass es auch berechtigte Schuldgefühle gibt. Kein Empfinden für Schuld zu haben: Wozu das führt, haben uns die zwölf Jahre des Dritten Reichs gezeigt.

Wird man im Alter auch unabhängiger vom Urteil anderer?
Ich war früher viel abhängiger, keine Frage. Wenn man jung ist, spielt es eine weit größere Rolle, was andere über einen denken. Man will sich ja auch immer wieder etwas Neues erobern: Sympathien, Anerkennung, berufliche Fortschritte oder einen Mann, in den man verliebt ist. Aber jetzt kann ich mir an den Fingern abzählen, wie viele Jahre ich noch zu leben habe. Ich versuche diese Zeit durch eigene Initiative, Denken, Lesen, Schreiben, und, last not least, Freundschaften und Familie so sinnvoll wie möglich zu verbringen, aber ich habe kein dringendes Bedürfnis mehr nach neuen Menschen oder beruflichen Bestätigungen.

Sie haben also nicht mehr das Gefühl, jemandem etwas beweisen zu müssen?
Höchstens mir selbst, indem ich mich nicht gehen lasse oder aufhöre, zu denken und mir weiteres Wissen über mich und die Welt anzueignen.

Erinnern Sie sich, wann diese Unabhängigkeit eingesetzt hat?
Das lässt sich schlecht an Daten festmachen. Es ist ein Gefühl, das sich im Alter einfach einstellt. Wenn ich behauptete, es sei mir völlig wurscht, ob ich bisher etwas erreicht habe, stimmt das natürlich auch nicht. Als Grundlage für mein gegenwärtiges Leben ist das sicher wichtig, auf dieser Basis existiere ich, aber ich bete es mir nicht jeden Tag vor. Es ändert nichts an der Tatsache, dass meine Jahre gezählt sind.

Demnach haben sich im Laufe der Zeit Ihre Prioritäten verschoben.
Die haben sich langsam, aber sicher verschoben, das kann man nicht anders sagen. Ich wusste natürlich schon vorher,

dass es nicht ewig so weitergeht, wie ich es gewohnt war, aber die absolute Sicherheit, dass mein Leben nur noch sehr begrenzt ist, hat ab ungefähr fünfundsiebzig immer weiter zugenommen. Und ab fünfundachtzig wurde sie unübersehbar deutlich. Vorher konnte ich ja noch laufen.

War der Gedanke an die eigene Endlichkeit bei Ihnen immer da?
Daran habe ich schon mit fünf Jahren gedacht, das weiß ich noch ganz genau. Ich wusste immer, dass ich irgendwann sterbe. Aber Sie gehen anders damit um, wenn Ihr Körper Sie dauernd an den Verfall erinnert. Wenn Sie jeden Tag spüren, dass es eindeutig zu Ende geht, ist das ein völlig anderes Gefühl.

Ängstigt Sie das?
Nein, man gewöhnt sich daran. Natürlich denke ich sehr oft ans Sterben, klar. Ich habe auch schon Menschen vom Leben in den Tod gehen sehen und weiß, wie das ist. Als Medizinerin ist mir selbstverständlich auch die physische Dimension bewusst, dass ein toter Körper relativ schnell zu verwesen beginnt. Ich weiß, dass bürokratische Notwendigkeiten zu erledigen sind. Mir ist klar, dass es bei mir genauso sein wird, nur weiß ich nicht, wie sich der Tod anfühlt und was danach kommt. Das finde ich beängstigend. Kein Mensch weiß das. Gläubige sind ja zumindest in der glücklichen Lage, eine Vermutung oder Erwartung zu haben. Und muslimische Selbstmordattentäter gehen in den Tod wie nichts, weil sie glauben, dass irgendwelche Jungfrauen im Himmel auf sie warten. Aber ich bin nicht gläubig. Die Vorstellung von Himmel und Engeln ist bei mir nicht vorhanden.

Sie könnten doch denken, dass nichts kommt.

Ja, aber was ist »nichts«? Das können Sie sich als lebender Mensch doch gar nicht vorstellen. Sie haben dieses »Nichts« nie erlebt, Sie haben immer irgendetwas gefühlt, gedacht oder gesehen, und man kann sich nur vorstellen, was man wenigstens annäherungsweise schon einmal erlebt hat. Wer etwas anderes behauptet, sagt schlicht die Unwahrheit.

Haben Sie sich mal überlegt, ob Sie wiederkommen möchten?

Überlegt schon, aber ich weiß nicht, ob ich es wollte. Was soll ich denn auch hier? Wenn man alt ist, ist man doch mehr oder weniger etwas unnütz.

Sie könnten dann doch jünger sein.

Ich weiß, dass Menschen in diesem Punkt eine enorm reiche Fantasie haben. Ich nicht. Weder kann ich mir vorstellen, als Kafkas Käfer wiederzukommen noch als Vogel, noch als Katze, die ich sehr liebe. Ich kann mir gar nichts vorstellen.

Sie haben uns erzählt, dass Ihre Mutter als Kind Ihr großes Vorbild war. War sie in späteren Jahren auch ein Vorbild fürs Älterwerden? Immerhin wurde sie achtundneunzig.

Sicher auch das. Sie hat das gut bewerkstelligt und nie gejammert – obwohl sie durch ihr verkürztes Bein behindert war und viele schwere Krankheiten überstehen musste. Schon mit Ende fünfzig wurde ihr eine Niere entfernt, aber sie ist bis ins hohe Alter gereist, mit über neunzig sogar noch nach Afrika, und sie war bis zu ihrem Tod geistig völlig klar und am Leben interessiert. Trotzdem hätte ich ihr gewünscht, dass sie etwas selbstständiger gewesen wäre. Ich hatte ja den Wahn, dass sie sich nach dem Tod meines Vaters, der lange krank gewesen war, frei fühlen und ihre Unabhängigkeit nutzen würde. Aber dann habe ich gesehen, dass sie doch sehr viel mehr an ihm gehangen hatte, als ich das wahrhaben wollte.

Ist sie bis zum Schluss zu Hause geblieben?
Nein, die letzten Jahre lebte sie in einer schönen, gepflegten kleinen Wohnung im Altersheim. Sie konnte ihre Möbel mitnehmen und fühlte sich da sehr wohl. Sie hatte viel Besuch von Freunden und der Familie, und mein Halbbruder Viggo, der die Praxis meines Vaters übernommen hatte, betreute auch die Alten in diesem Heim als Arzt, sodass sie nicht von ihrem vorherigen Leben abgeschnitten war.

Das war doch dann keine schlechte Lösung.
Schon. Ich wusste auch, dass sie es gut hat, aber ein Teil von mir dachte immer, ich hätte sie nie allein lassen dürfen, ich hätte sie zu uns nach Frankfurt holen und mich bis zu ihrem Tod um sie kümmern müssen.

Wäre Sie denn gern zu Ihnen gezogen?
Wenn es gegangen wäre, vielleicht. Manchmal ist es ja gar nicht gut, unter einem Dach zu leben. Nun hatte ich aber das Glück, eine wenig launische, absolut nicht zickige Mutter zu haben. Nein, sie hat mich nie belastet oder beschwert, sondern immer geholfen, wo sie nur konnte, selbst wenn Alexander Probleme mit seiner Patchworkfamilie hatte. Sie verstand sich gut mit den Kindern aus seinen ersten beiden Ehen und ist mit ihnen sogar weggefahren. Sie hatte überhaupt etwas sehr Vermittelndes. Für all das bin ich meiner Mutter großen Dank schuldig. Es war also kein zwischenmenschliches Problem, es ging praktisch einfach nicht, und ich weiß nicht mal, ob es für

sie wirklich besser gewesen wäre, im neunzehnten Stock eines Hochhauses zu leben, in einer fremden Stadt, mit einer Tochter und einem Schwiegersohn, die dauernd unterwegs sind und viel arbeiten. Sie brauchte Menschen um sich, und das hatte sie in Dänemark viel mehr als bei uns.

Manchmal klagen Eltern ihre Kinder sehr an, wenn sie in ein Alten- oder Pflegeheim müssen und ihren Lebensabend nicht bei der Familie verbringen können. Wie war das bei Ihrer Mutter?
Sie hat mir und niemandem Vorwürfe gemacht. Das hat sie nie, und auch dafür bin ich ihr überaus dankbar.

Könnten Sie sich vorstellen, selbst irgendwann in ein Seniorenstift zu gehen?
Darüber denke ich jetzt noch nicht nach. Ich will auf jeden Fall selbstständig sein, das ist vollkommen klar, und bis jetzt klappt das ja ganz gut: Anna, meine Reinemachefrau, kommt jeden zweiten Tag und hält alles in Schuss, eine liebe Freundin schaut regelmäßig vorbei und hilft mir bei verschiedenen Dingen, und auch eine andere Freundin, die dreißig Jahre lang Telefonistin im Sigmund-Freud-Institut war, ist für mich unentbehrlich geworden. Sie sehen also, ich bin gut versorgt.

Aber wenn die Beine gar nicht mehr wollen, bleibt ein Umzug vielleicht nicht aus.
Manchmal sage ich mir schon: »Menschenskind, wie kannst du bloß verhindern, dass du irgendwann gar nicht mehr laufen kannst?« Davor habe ich große Angst, aber diese Möglichkeit verdränge ich. Ich hoffe, dass es nicht so sein wird, und lasse die Dinge auf mich zukommen. Das Leben endet, und bis es so weit ist, sollte man doch jeden Tag so gut wie möglich

leben. Und wenn es gar nicht mehr geht, wenn ich nicht mehr will, hätte ich durchaus den einen oder anderen Kollegen, der mir helfen würde – zumindest glaube ich das.

Beim Sterben helfen?
Ja. Früher, während des Krieges, hatten meine Freunde und ich viel Morphium gehortet. Wir dachten: »Lieber Morphium als Folter und KZ.« Aber davon habe ich natürlich nichts mehr, und wenn man dann irgendwann so richtig dusselig ist, kann man es sich sowieso nicht mehr selbst spritzen.

Sie sagen das so ruhig. Immerhin sprechen Sie gerade von Freitod.
Warum soll ich darüber nicht nachdenken? Ich finde diesen Gedanken nicht erschreckend. Es ist mein Leben. Ich muss mit meinem Alter und den damit verbundenen Realitäten zurechtkommen, und das tue ich, so gut es irgend geht, so gut, wie es mir möglich ist.

Gibt es eine Erkenntnis, die so lauten könnte: »Wenn ich das früher gewusst hätte, wäre für mich vieles einfacher gewesen?«
Die Freud'schen Weisheiten über Natur und Seele des Menschen hätten mir als Kind schon sehr geholfen. Meine Mutter war ja eine denkbar gebildete und liebevolle Mutter, eine moderne Frau, die ihrem Beruf als Lehrerin nachging und sich früh allein durchschlagen musste. Nur vor der Sexualität hatte sie Angst. Wenn ich gewisse Teile meines Körpers berührte, die man nicht berühren durfte, war das eine schlimme Sache, die ich immer beichten musste. Hätte ich gewusst, dass es eine absolut natürliche, dem Menschen entsprechende Neigung ist, sich gelegentlich anzufassen und damit Befriedigung zu

verschaffen, hätte ich mir viele Komplexe, Schuldgefühle und Bücherstudien in der Praxis meines Vaters erspart. Aber in meiner Kindheit war Onanie eine Katastrophe, die zu Hirnerweichung, Rückenverkrümmungen und anderen Schrecklichkeiten führt.

Wurde dieses Verbot offen ausgesprochen?
Das Wort »Onanie« ist nie gefallen. Es war einfach klar, dass man das nicht tut. Das waren die Begrenzungen, in denen man lebte: Man durfte nicht onanieren, und Sex vor der Ehe war natürlich auch verboten. Wenn meine Mutter überhaupt etwas dazu sagte, dann höchstens in Form von Andeutungen: »Hast Du es wieder getan?« Manchmal warf sie mir nur diesen gewissen Blick zu, das genügte. Auch mein Vater machte immer ein sehr bedenkliches Gesicht, wenn ich mich als vier-, fünfjähriges Kind an eine Tür klammerte und daran auf und ab rieb. Danach sollte ich dann keine Eier mehr essen und solche schönen Dinge. Aber gut, wer war damals schon aufgeklärt.

Und wie lief dieses Beichten ab? Sie sind doch nicht katholisch erzogen worden?
Nein, wir waren zwar gut mit dem Pastor befreundet, aber ansonsten eine nicht übermäßig religiöse bürgerlich-protestantische Familie. Wir gingen sonntags und an Weihnachten in die Kirche und beteten jeden Mittag »Komm, Herr Jesus, sei unser Gast«. Gebeichtet habe ich bei meiner Mutter.

Sie hat gefragt, und Sie haben es dann zugegeben?
Nein, so primitiv war meine Mutter nicht. Sie hat mich nicht explizit zu Bekenntnissen aufgefordert, es war mehr eine Art

Über-Ich-Forderung, eine Gewissensforderung, mein innerer Bekenntniszwang, wenn Sie so wollen. Ich hatte es so verinnerlicht, dass ich nicht onanieren darf, wobei ich lange sowieso nicht wusste, was das eigentlich ist, dass ich einfach zu ihr gehen und meine Taten offenbaren musste, um mich von meinen Schuldgefühlen zu befreien. Die waren sehr schlimm für mich und gleichzeitig so idiotisch, was ich damals natürlich nicht wusste. Sex war die Hauptsünde. Viel schlimmer, als wenn ich hart, kalt, böse, eifersüchtig oder neidisch war, wenn ich andere schlecht behandelte, jemandem nicht half, dem ich hätte beistehen können. Nein, darum ging es nicht. Die Schuld landete immer beim Sex. Lächerlich! Man tut doch niemandem etwas Böses, wenn man einen normalen Körper hat, der hin und wieder gewisse Bedürfnisse äußert, denen man dann nachgibt.

Die Begegnung mit Freuds Arbeiten muss für Sie dann ein enormer Befreiungsschlag gewesen sein.
Von diesen Verboten und meinem Bekenntniszwang habe ich mich schon viel früher gelöst. Zum Beichten war ich schon in der Pubertät nicht mehr bereit, und ich weiß noch, dass es für

mich eine große Befreiung war, als ich zum ersten Mal lügen konnte. Mit vierzehn zog ich dann nach Flensburg, weg von zu Hause, weg von meiner Mutter, ich wohnte in Pension bei einer Pastorenwitwe aus feiner Familie, was auch immer sehr betont wurde, und ging mit jungen Fähnrichen in die Tanzstunde. Da war zwar von Sex immer noch nicht die Rede, aber es wurde gewaltig geflirtet und auch geküsst.

Haben Sie Ihrer Mutter je Vorwürfe wegen ihres Verhaltens damals gemacht?
Ich habe hundertmal mit ihr darüber gesprochen, sie auch schwer angeklagt, und weil sie im Grunde so eine liebenswürdige, nette und kluge Frau war, hat sie das alles auch kapiert, und wir haben gelernt, darüber zu lachen.

Sie kennen sich selbst nun schon so viele Jahre, was halten Sie für Ihre größte Stärke?
Schwer zu sagen.

Wir können Sie auch nach Ihrer größten Schwäche fragen.
Ja, aber das weiß ich auch nicht.

Die leidige Eifersucht vielleicht? Sie haben erzählt, dass Sie sich selbst so schrecklich fanden, wenn dieses Gefühl immer mal wieder in Ihnen hochgekrochen ist.
Das habe ich mir im Grunde total verziehen. Ich glaube, wenn ich es war, dann auch zu Recht. Ich war ja nicht grundsätzlich eifersüchtig auf andere Frauen, nur wenn sie mit meinem Mann flirteten. Und andere große Schwächen? Mein Mann sagte ab und zu, ich könnte keine Kritik vertragen, was meines Erachtens nicht stimmt. Ich kann sehr wohl damit umgehen,

wenn ich sie einsehe, aber nicht, wenn sie einfach nur dazu benutzt wird, mir Dinge auszureden, von denen ich glaube, dass ich mit Recht gekränkt bin. Das sagte ich ihm auch. So ist das mit mir und der Kritik.

Und die Stärke?
Da muss man jemand anders fragen. Aber gut, Selbsterkenntnis vielleicht, dass ich mit mir umgehen kann und die Motive meines Handelns verstehe. Ich weiß ungefähr, wann und warum ich etwas tue, und wenn ich spüre, dass es nicht mit völligem Anstand geschieht, sondern weil ich eifersüchtig oder neidisch bin, dann rufe ich mich zur Ordnung.

Was ist mit Humor? Uns fällt an Ihnen immer wieder auf, dass Sie über sich selbst lachen können und eine wunderbare, feine Ironie haben.
Humor finde ich ungeheuer wichtig, aber kann man Humor an sich selbst feststellen? Ich weiß nicht recht. Und die Fähigkeit, über sich selbst zu lachen, habe ich mit der »Vatermilch« eingeflößt bekommen. In Dänemark ist das viel weiter verbreitet als in Deutschland.

Sind Sie eher eine Pessimistin oder eine Optimistin?
Ich bin Realistin. Ich versuche, die Dinge so zu sehen, wie sie sind.

Ein bisschen rosa Brille kann im Leben allerdings enorm hilfreich sein.
Die habe ich aber nicht. Und auch keine schwarze. Das würde ich durchaus als eine Stärke ansehen, die mich auch davor gefeit hat, dieser blödsinnigen Naziideologie zu verfallen. Ich

habe immer versucht, die Wirklichkeit so zu sehen, wie sie ist, habe nicht irgendwelche Vorstellungen in Menschen hineinprojiziert oder mich zumindest bemüht, es nicht zu tun. In meiner Kindheit im deutsch-dänischen Grenzland war ich eine Nationalistin, solange ich kindlich glauben konnte. Ich dachte, dass diese große Nation Deutschland eine freundliche ist, und es war sehr schmerzlich, dann zu erleben, was die Nazis taten. Da habe ich meine Idealisierung aufgegeben. Ich bin nun mal ein Mensch, der zu Zeiten der Nazis nach Deutschland kam und erwachsen wurde. Das ist für mich und meine Art, die Welt zu sehen, absolut bestimmend geworden. Eben nicht zu idealisieren, keine wahnhaften Vorstellungen von der eigenen Großartigkeit und Herrlichkeit und der Bosheit der anderen zu haben. Ich bin bis heute sehr dankbar, dass ich die Fähigkeit besitze, die Realität zu sehen, weder zu überhöhen noch zu verdammen.

Ist es nicht beinahe übermenschlich, immer realistisch zu sein?
Man wird immer projizieren oder schnelle Urteile fällen, klar. Das tue ich auch, aber ich weiß, dass das nicht unbedingt die Wahrheit sein muss, und wenn ich merke, dass sie nicht stimmen, bin ich meist bereit, meine Urteile oder Vorstellungen zu revidieren.

Würden Sie sich als gelassen bezeichnen?
Ich war zumindest nie ein besonders aufgeregter Typ. Ich warte ab, bis ich wirklich aktiv werden muss, und meistens ist das gar nicht nötig. Viele Dinge regeln sich von selbst, und man merkt ja auch, wenn Aufregung Kraftverschwendung ist. Wissen Sie, ich habe eben über eine lange Zeit lernen müssen, von Tag zu Tag zu leben, zu begreifen, dass ich die Welt nicht

verändern, sondern sie nur ertragen kann. Je älter ich allerdings wurde, desto klarer wurde mir auch, dass ich es nie wirklich aufgeben konnte und wollte.

Kann es sein, dass einen nach diesen Erfahrungen des Naziregimes und des Krieges nichts mehr so schnell umhaut?
Da liegen Sie völlig richtig. Die Nazizeit war voller Gewalt, Mord und Verlogenheit, und man fühlte sich alldem gegenüber völlig hilflos. Das hat bei mir zeitweilig zu einer inneren Aufgeregtheit geführt, zu einem häufigen Zittern. Ich habe ganz genau gewusst, dass alle Äußerungen der Nazis eine einzige große Lüge sind. Sie hatten ihre Herrenmoral, die bis ins Letzte pervers, unmenschlich und tödlich war. Dieses entsetzliche Grauen in den Lagern, die Vernichtung von Menschen, die furchtbaren Verbrechen, die im Namen der Nation begangen wurden! Und der Krieg hat dann noch dem Letzten vollends klargemacht, dass jeden Tag die endgültige Katastrophe kommen kann. Überall Millionen von Toten: Freunde, die Freunde von Freunden, ihre Kinder. So viele Menschen starben für diesen Verbrecher! Das waren absolut prägende Jahre, in denen ich wirklich gelernt habe, Dinge nicht mehr wichtig zu nehmen, die nicht wichtig sind.

Aber ist Gelassenheit nicht immer auch eine Frage von Selbstbewusstsein?
Ich habe schon gelernt, mit meinem Leben selbst in schwierigen Situationen fertig zu werden. Ich habe unter schwierigen Bedingungen meinen Sohn bekommen, mich beruflich durchgesetzt und kann mir also absolut zutrauen, in friedlichen, normalen Zeiten die Anforderungen zu erfüllen, die an mich gestellt werden und meinem Wissen und Können ent-

sprechen. Ich weiß auch, dass ich mich nicht über jeden Dreck aufrege. Aber wenn man alt und der Körper schwach wird, sieht vieles plötzlich anders aus. Das ist wieder eine ganz neue Erfahrung und keine angenehme, das kann ich Ihnen sagen. Aber auch das muss man auf sich zukommen lassen und dann damit umgehen. Neulich bin ich zum Beispiel mit meinen Sandalen in der Wohnung hängen geblieben und hingeknallt. Es war Sonntag, ich hatte keine Verabredung und wusste, dass erst am nächsten Morgen wieder jemand kommt. Da hätte ich mir leicht etwas brechen können, und es schoss mir in den Kopf: »Oh, wenn ich jetzt nicht mehr aufstehen und telefonieren kann, ist das Scheiße.« Zum Glück bin ich bis jetzt aber immer wieder auf die Beine gekommen.

Sie haben ein spannendes Leben geführt, vieles erlebt und erreicht – haben Sie trotzdem das Gefühl, etwas versäumt zu haben?
Ich bedaure sehr, dass ich nicht mehr Kinder bekommen habe, und ich bedaure, dass ich mich nicht früher intensiver mit Geschichte und Philosophie beschäftigt habe. Es gibt einen schönen Ausspruch von Goethe: »Wer nicht von dreitausend Jahren sich weiß Rechenschaft zu geben, bleib im Dunkeln unerfahren, mag von Tag zu Tage leben.« Diese Haltung ist für mich im Alter viel wichtiger geworden, und ich genieße es, dass ich mich jetzt mit diesen Dingen auseinandersetzen kann. Ich weiß inzwischen wenigstens ein bisschen von den Anfängen: von Ägypten, von Rom, von der griechischen Geschichte, die für uns sehr prägend ist, von den Völkerwanderungen im frühen Mittelalter. Ich will einfach ganz genau wissen, was in welchem Jahrhundert passiert ist, warum sich was verändert hat. Das ist wirklich aufregend. Leider hatte ich in der Schule nur Latein, heute würde ich Kinder unbedingt in

ein humanistisches Gymnasium schicken, wo sie auch Griechisch lernen. Dann haben sie eine gute Chance zu begreifen, was diese alten Kulturen noch heute für uns bedeuten.

Lernen Sie durch die Beschäftigung mit Geschichte und Philosophie auch etwas über sich selbst?

Natürlich hat das immer etwas mit mir zu tun. Ich will begreifen, warum ich so lebe, wie ich es tue, ich will mich verstehen. Dafür war auch die Psychoanalyse sehr wichtig. Da ging es immer um das »Erkenne dich selbst«. Wenn ich aber noch mal von vorn anfangen könnte, würde ich viel mehr darüber wissen wollen, wie mein Inneres, wie die Menschen überhaupt durch die verschiedenen Kulturen, die sie ja selbst gestaltet haben, geprägt wurden. Das wäre ein anderer Weg zur Selbsterkenntnis, als es die Psychoanalyse für mich war, die ich gewiss nicht missen möchte.

Dieses Wissen müsste einen viel liberaler machen.

Liberal würde ich es nicht nennen. Wenn ich diese Liberalen heute sehe … Außerdem ist »liberal« so ein abgenutztes Wort.

Ich meinte es im Sinne von frei. Frei von Vorurteilen, zum Beispiel.

Frei macht es einen, unbedingt. Aber vor allem ist es ein echter Genuss, wenn ich wieder mal etwas dazugelernt habe, wenn ich wieder einen neuen Gedanken fassen oder eine neue Verbindung zwischen Ereignissen herstellen kann. Das ist wirklich ganz wunderbar.

Lesen Sie auch historische Romane?

Gelegentlich schon, aber vor allem Biografien und Bücher über Geschichte. An Romanen bin ich nach wie vor interessiert. Früher habe ich unendlich viele gelesen. Zwischen meinem siebten und zwölften Lebensjahr war ich ständig mit drei Schulfreundinnen zusammen, und jede in unserem Quartett hatte einen Spitznamen. Ich hieß »Leseratte«.

Erinnern Sie sich noch an Ihre Lieblingsbücher?

Ach Gott, das waren so viele! Andersens Märchen, Grimms Märchen, die nordischen Sagen, in der Pubertät dann *Das Nesthäkchen* von Else Ury und später Jakobsen, Dickens und viele andere. Während des Krieges konnte ich immer in die dänische Bibliothek gehen, da gab es noch alle Bücher: *Ulysses* von James Joyce, auch Romain Rolland habe ich viel gelesen. Als Lieblingsbücher kämen wirklich eine Menge infrage. Philip Roth mag ich auch sehr gern. Dieses eine, mit dem schwarzen Professor, der sich als Jude ausgibt.

Der menschliche Makel?

Genau. Ein sehr gutes Buch. Philip Roth hat überhaupt viel Interessantes geschrieben.

Mir ist er ein bisschen zu sexfixiert, zu eitel und machohaft. In seinen Romanen erzählt er nicht nur eine Geschichte, sondern im Subtext läuft immer dieses »Ich bin ein wahnsinnig schlauer Typ« mit.

Als Mensch interessiert mich Roth nicht besonders, muss ich zugeben, eher als Autor, und da kann er schon was. Mit diesen Sexgeschichten, mit diesen genauen Beschreibungen versucht er natürlich auch, etwas auszudrücken, und ich finde nicht, dass er so freundlich zu sich ist. Er stellt sich in der Tat oft sehr unangenehm dar, und sich von dieser Seite zu zeigen zeugt von erstaunlich viel Mut.

Als Journalistinnen möchten wir natürlich auch gern wissen, welche Tageszeitungen oder Zeitschriften Sie lesen.

Ich habe die *Frankfurter Rundschau* abonniert und hole mir täglich die *FAZ*. *Spiegel* und *Emma* lese ich ebenfalls regelmäßig.

Sehen Sie viel fern?

Hin und wieder. Wenn ich gerade auf etwas treffe, das mich interessiert. Manchmal auch Fußball, wie jetzt bei der Weltmeisterschaft.

Wenn man die letzten zwanzig Jahre betrachtet, stellt man fest, wie schnell sich Informationstechnologie verändert. Sind Sie auch in dieser Hinsicht unbegrenzt neugierig geblieben?

Ach Gott, ich kann so vieles noch nicht, und mit Technik komme ich grundsätzlich nicht besonders gut zurande. Aber emailen zu lernen hat mir großen Spaß gemacht. Das war eine wirkliche Bereicherung, denn als mein Enkel für ein Jahr in Australien war, konnten wir schön hin und her mailen, was wir zeitweise auch täglich gemacht haben. Aber ich bin relativ unfähig, mit dem Internet umzugehen.

Ein Handy haben Sie nicht?

Doch, doch. Das ist eine gute Sache. Leider vergesse ich meistens, wo es ist. Telefonieren kann ich damit natürlich, sofern ich es finde, und wie eine SMS funktioniert, haben mir meine Enkel zwar gezeigt, nur habe ich es schon wieder vergessen.

Wenn Sie sich Ihr Leben als Film vorstellen, an welchem Punkt würden Sie neu anfangen zu drehen?

Das habe ich mir auch schon mal überlegt. Wer weiß, wie mein Leben verlaufen wäre, wenn ich nicht so lange mit meinem ersten Freund zusammengeblieben wäre. Ich bin ja vor ihm buchstäblich in die Schweiz geflohen, wo ich dann meinen Mann getroffen habe. Wenn ich an diese sieben Jahre denke, überkommt mich immer noch die Wut. Wie konnte ich nur so blöd sein? Ich dachte, es sei meine moralische Pflicht, mich um ihn zu kümmern, vor allem wegen seiner Krankheit, und habe gar nicht kapiert, dass er mich auf Teufel komm raus mit anderen Frauen betrogen hat. Wenn ich das gewusst hätte, wäre ich viel früher gegangen – ohne schlechtes Gewissen. Dann hätte ich ja einen Grund gehabt.

Haben Sie eine Vorstellung, wie Ihr Leben ohne diese Beziehung, ohne die Flucht in die Schweiz und ohne die Begegnung mit Ihrem Mann verlaufen wäre?
Keine Ahnung. Wahrscheinlich wäre ich Landärztin geworden und hätte vielleicht einen faden Doktor geheiratet. Vielleicht, man weiß es nicht. So gesehen bin ich rückblickend ganz zufrieden damit, wie mein Leben gelaufen ist. Obwohl es manchmal ziemlich traurig war.

Zum Älterwerden gehören auch viele Abschiede von lieb gewonnenen Menschen. Wie gehen Sie damit um?
Ich habe neulich mal überlegt, wer denn eigentlich noch lebt, und das sind nicht mehr viele. Wer wird schon neunzig? Meine engste Freundin, mit der ich die letzten Schuljahre verbracht habe, hat sich schon in jungen Jahren das Leben genommen, und meine Freundin, mit der ich meinen Sohn zu Beginn aufzog, lebt heute in einem anthroposophischen Heim in Stuttgart und arbeitet immer noch. Wir telefonieren hin und wieder. Ja, ich bin eine der Letzten meiner Generation. Es ist kaum mehr jemand da.

Heißt das in letzter Konsequenz, dass mit den Jahren die Einsamkeit immer größer wird?

Klar, ich entbehre alle, die gegangen sind: meinen Mann, meine Mutter, meine Freunde. Das ist sehr schmerzhaft, sehr traurig. Aber man weiß auch, dass es so kommt. Abschiede gehören zum Leben, und damit muss man fertig werden. Immerhin leben noch etliche mir nahestehende Menschen, von denen viele jünger sind als ich.

Ihr Mann starb 1982. Wie haben Sie seinen Tod empfunden?

Er wurde nicht aus dem vollen Leben gerissen, sondern war durch seine Krankheit schon vorher innerlich oft abwesend, und das hat er auch gespürt. Eines Tages schlief er dann ein und wachte nicht mehr auf. Es war zu Ende, und ich weiß nicht mal, ob ich ihm gewünscht hätte, sein Leiden noch länger ertragen zu müssen.

Wann fing das an?

1969 hat er zum ersten Mal mit mir darüber gesprochen: »Margarete, irgendetwas ist mit mir, aber ich kann nicht sagen, was. Ich habe keine Kraft mehr.« Damals war er noch relativ jung, erst Anfang sechzig, und als wir dann 1972 für ein Jahr in Amerika waren, merkte er, dass es immer mühevoller wurde, zu schreiben und neue Ideen zu entwickeln.

Was hatte er?

Am Anfang Bluthochdruck und Arteriosklerose. Er war auch nicht sehr vernünftig, muss man sagen, und hat im frühen Stadium seine Medikamente ständig abgesetzt, weil sie ihn müde machten. Später wurde noch Parkinson diagnostiziert, und von da an wurde es schlimmer. Irgendwann konnte er

Alexander
Mitscherlich

dann nicht mehr gehen und war oft desorientiert. Dazwischen hatte er immer wieder klare Momente, in denen er ganz genau wahrnahm, was mit ihm passierte.

Haben Sie ihn zu Hause gepflegt?
Ja, mein Mann wollte nicht ins Krankenhaus. Das wäre für ihn die absolute Katastrophe gewesen. Während des letzten halben Jahres hatten wir dann morgens und abends einen Pfleger, der ihn wusch und ihn vom Bett in den Rollstuhl hob und wieder zurück.

Was bedeutete dieser lange Leidensweg für Sie selbst?

Es kostete viel Kraft, aber ich habe es durchgehalten. Am Anfang wollte ich nicht wahrhaben, dass er sich verändert. Er hatte immer so viel Energie ausgestrahlt, und ich dachte, seine Kraft sei endlos. Wir hatten den gleichen Beruf, die gleichen Interessen, die gleichen Freunde, wir sprachen dauernd miteinander, und es war völlig klar, dass ich alles mit ihm bereden kann. Und dann merkte ich Stück für Stück, dass das nicht mehr ging, weil in seinem Kopf etwas geschah, das er sehr viel früher wahrnahm als ich. Von da an ging es langsam, aber sicher bergab, da kam ein Ungleichgewicht in unsere Beziehung, das auch für ihn bitter war, weil er es selbst sah und verstand.

Hat Sie das auch wütend gemacht?

Sicher. Ich erinnere mich noch, dass ich am Anfang manchmal auf den Tisch gehauen und »Mensch, du spinnst ja!« gerufen habe. Das tat er auch wirklich, nur hatte es eben Gründe, die ich nicht begriff. Damals gab es eben noch die lichten Momente, die Momente, in denen man auch gefühlsmäßig an ihn herankam. Und manchmal dachte ich wirklich, dass ich es nicht mehr aushalten kann, dass ich keine Kraft mehr habe. Aber Mitleid wäre für ihn schlimmer gewesen, das weiß ich.

Wie sind Sie mit der Trauer um Ihren Mann umgegangen?

Trauern nimmt man sich nicht vor. Es überfällt einen, und man muss da durch. Es gibt keinen anderen Weg. Trauern ist ein langer, langer Prozess, kollektiv wie individuell, und man trauert doch um so vieles: um ein Land, mit dem man wirklich verbunden war und das innerhalb weniger Jahre zu einem

Verbrecherstaat wurde, um Menschen, um Beziehungen, um Ideale. Das greift einem sehr ans Herz. Die Trauer um meinen Mann war für mich insofern leichter zu ertragen, als dass ich gesehen hatte, wie sehr er litt.

Der Schmerz über einen solchen Verlust kann einen fast vernichten, und ich kenne auch Menschen, die erst mal in einer völligen Starre versinken und es einfach nicht wahrhaben wollen. Andere versuchen, ihre Qual mit aller Macht zu unterdrücken oder sie mit Tabletten oder Alkohol zu betäuben, nur um sie nicht mehr spüren zu müssen.

Man kann die Trauer nur bewusst überwinden. Bewusstsein ist alles. Ich denke manchmal, der Mensch ahnt nicht, wie viel Kraft Verdrängen kostet, und wenn Sie es verdrängen, lernen Sie nichts, dann entsteht nichts Neues, Sie reifen nicht. Das Kommenlassen dieses Schmerzes, das Erinnern, das Aufarbeiten: Das alles tut sehr weh, und gelegentlich muss man es innerlich von sich schieben, weil man es in dem Moment einfach nicht aushalten kann, das kenne ich durchaus. Aber wenn es wieder ein bisschen geht, muss man weiter versuchen, es zu verstehen, es in sich zu integrieren und es zu akzeptieren. Man muss auf andere Menschen zugehen, deren Schicksal mit dem eigenen vergleichen, muss nachdenken, an sich arbeiten und auch mit den Schuldgefühlen zurechtkommen, weil man dieses oder jenes nicht oder zu wenig getan hat. Wenn Sie alles verdrängen, werden Sie depressiv, abwehrend, bösartig oder steril. Das hat weder für ein Land noch für einen Menschen irgendeinen Sinn.

Sie haben den Ausdruck »ans Herz greifen« vorhin sowohl im Zusammenhang mit Ihrem Mann als auch in Bezug auf den Na-

tionalsozialismus verwendet. Kann man das denn wirklich vergleichen?

In beiden Fällen geht es um Trauer, und Trauern ist immer Erinnerungsarbeit. Nur dass man in Bezug auf unsere Geschichte gemeinsam sehr viel tun kann. Zum Beispiel in die Öffentlichkeit gehen und sagen: »Schaut euch an, was wir Deutschen getan haben! Macht euch klar, dass wir es waren, die Europa in Schutt und Asche gelegt, die Millionen von Menschen umgebracht haben, die eigenen Leute inklusive! Setzen wir uns mit dieser Vergangenheit auseinander, damit so etwas nie wieder passieren kann!« Diese Trauerarbeit ist etwas Kollektives, die man nur gemeinsam leisten kann. Aber wenn man als Ehefrau einen beloved husband verliert, ist das Trauern eine Aufgabe, die man Tag für Tag allein durchmachen muss.

Mussten Sie auch das Alleinsein erst wieder lernen?

Von 1947 bis 1982 waren wir eng verbunden, fünfunddreißig Jahre lang. Wir hatten ein gemeinsames Leben, das ich niemals missen möchte. Es war sehr schwer, sich an das Alleinsein zu gewöhnen, und das ist es bis heute. Aber ich habe schon in den letzten Jahren vor seinem Tod lernen müssen, mit vielen Dingen allein fertig zu werden, auch wenn seine Pflege wenig Zeit zum Nachdenken ließ.

Wie lernt man das?

Wie man das tut, weiß ich gar nicht. Man muss es eben schaffen. Das fordert das Leben von einem. Sie haben Ihre Arbeit, Ihre Freunde, Ihre Familie. Mehr kann ich dazu auch nicht sagen.

Fehlt er Ihnen nach all der Zeit immer noch?

Ja, er fehlt mir wirklich sehr.

Hat sich nach dem Tod Ihres Mannes noch mal eine neue Beziehung ergeben?

Nein, ich war ja schon vierundsechzig, als er starb. Ich hatte meine Freunde, meine Bekannten, und unter den Männern, denen ich begegnete, war keiner, mit dem ich gern zusammengezogen wäre. Wissen Sie, wenn es um sexuelle Beziehungen geht, geht es auch um körperliche Liebe, und wenn man miteinander alt wird, werden auch die Körper miteinander alt. Das erträgt man, das findet man nicht ekelig. Aber wenn Sie mir einen Gleichaltrigen vorsetzen, den ich vorher nicht kannte, finde ich dessen alten Körper sicher nicht so sexy. Da hätte es schon einer sein müssen, der jünger gewesen wäre, und das funktioniert ja bekanntlich zwischen Frau und Mann sehr selten – umgekehrt dagegen erleben wir es täglich.

Dass Männer kein Problem damit haben, sich eine viel jüngere Frau zu suchen?

So ist es. Männer machen das bekanntlich seit Jahrhunderten, daran hat sich nichts geändert, und sie finden eben auch dreißig Jahre jüngere Frauen – sofern sie Geld, Macht oder zumindest einen tollen Job haben.

Der alte Maurer macht einen nicht so an.

Kaum.

Sie sind niemandem begegnet, den Sie gewollt hätten? Wie hätte denn einer zum Wollen sein müssen?

Das habe ich mir nicht überlegt. Ich war auch nicht wild darauf aus, mir einen neuen Mann zu suchen. Ich hatte mein Leben. Es wäre schön gewesen, wenn einer vorbeigekommen wäre, der es mit mir hätte teilen wollen, und ich es mit ihm, aber es hat sich eben nicht ergeben.

Eine Kollegin aus der *Brigitte*-Redaktion sagte kürzlich, dass man als Frau ab einem gewissen Alter so unsichtbar wird, dass man aufpassen muss, nicht überfahren zu werden. Haben Sie die Erfahrung auch gemacht?
Es pfeift einem kein Bauarbeiter mehr nach. Doch das endet ja nicht so plötzlich von heute auf morgen – bestimmt aber früher als mit vierundsechzig.

Wissen Sie noch ungefähr, wann es aufhörte?
Na ja, mit achtzehn haben sie mir mehr nachgepfiffen als mit dreißig, und ab vierzig wurde es dann noch weniger. Aber ich kann nicht behaupten, dass ich furchtbar darunter gelitten hätte. Es war einfach so. Vielleicht bin ich jemand, der Dinge eher hinnehmen kann, auch das Altern. Ich weiß, dass man alt wird und stirbt.

Es gibt allerdings immer mehr Frauen und auch Männer, die versuchen, mithilfe von Schönheitsoperationen, Botox-Spritzen und anderen medizinisch-kosmetischen Tricks möglichst lange möglichst jung und attraktiv auszusehen.
Also nein! Das finde ich etwas neurotisch. So etwas wäre für mich nicht infrage gekommen. Es fällt mir schon schwer, die Wimpern färben zu lassen, weil ich dabei die Augen zumachen müsste und Angst bekäme. Von einem Lifting will ich gar nicht reden. Im Spiegel quasi ein fremdes Gesicht anzuschauen: Das würde mir noch viel mehr Angst machen.

Aber eitel sind Sie schon auch, oder? Sie ziehen sich schick an, sind immer geschminkt, die Haare sitzen ...

Eitelkeit gehört ja zu den sieben Todsünden, was ich überhaupt nicht so sehe, und was Sie vermutlich unter Eitelkeit verstehen, ist aus meiner Sicht ein Selbsterhaltungstrieb, den ich bei mir durchaus als Tugend empfinde. Zu dem habe ich mich selbst quasi verpflichtet: dass ich jeden Morgen turne, mich jeden Morgen nach dem Duschen eincreme, mir regelmäßig die Haare wasche und all diese Dinge. Das ist anstrengend, klar, aber wenn Sie nicht dafür sorgen, sich einigermaßen ordentlich zu erhalten, verkommen Sie doch ganz schnell, und dann will Sie niemand mehr ansehen – und Sie sich selbst auch nicht. Ich mag auch nicht mit ungepflegten Leuten zusammen sein. So versuche ich, auf mich zu achten und meinen Körper in Gang zu halten – bis an die Grenzen, wo ich dann faul bin. Ich liebe es zwar, so gut wie nur irgend möglich auszusehen, nur will ich nicht zu viel Zeit darauf verwenden. Es muss schon schnell gehen. Mich zum Beispiel stundenlang zu schminken, dazu habe ich keine Lust.

Haben Sie sich immer schön oder attraktiv gefunden?

Es gab durchaus Momente, in denen ich mich scheußlich fand, wenn ich in den Spiegel schaute, und in anderen dachte ich: »Okay, heute siehst du ganz gut aus.« Aber um nun dauernd mit mir selbst zu hadern, dafür war mir die Sache doch nicht wichtig genug. Ich wollte immer anständig aussehen, und das ist nicht nur Pflicht, sondern auch Spaß. Sich schön zu machen, sich nette Sachen zu kaufen ist doch etwas Wunderbares. Nur bin ich jetzt in einem Alter, wo das Umziehen und Probieren sehr anstrengend ist. Und diese kleinen Läden, in die ich früher ging, gibt's auch nicht mehr.

Die Boutique um die Ecke?

Genau. Ich mag nicht in ein Warenhaus gehen, wo einen kein Mensch kennt, wo einen auch niemand mehr bedient. Ich kaufe meine Sachen meistens in Italien. Von unserem Haus im Tessin ist es nicht weit nach Intra, einen kleinen Ort, wo es ein schönes Geschäft gibt, in dem ich mit Kuss begrüßt und verabschiedet werde.

Interessieren Sie sich für Mode, dafür, welche Schnitte, Muster oder Looks gerade angesagt sind?

Das nimmt man doch wie selbstverständlich wahr. Ich war immer ein Mensch meiner Tage, habe mich nie altmodisch gekleidet, sondern entsprechend der jeweiligen Mode – sofern sie mir gefiel. Es machte mir großen Spaß, mich gut und elegant anzuziehen, und früher standen mir auch Menschen zur Seite, die mich beraten haben, zum Beispiel eine gute Schneiderin. Die gibt es ja kaum noch.

Sind Sie eher ein Rock- oder ein Hosentyp?

Solange man Röcke getragen hat, habe ich das getan, und als man dann mit Hosen anfing – was meinen immer weniger attraktiv aussehenden Beinen auch sehr entgegenkam –, bin ich mehr und mehr dazu übergegangen. Da habe ich mich praktisch verhalten.

Und wofür geben Sie so richtig Geld aus?

Früher habe ich gern schöne Kleider gekauft, auch Schuhe – als ich noch mit schicken Schuhen laufen konnte. Das ist vorbei, obwohl mir schöne Kleider immer noch gefallen. Teuere Kosmetika sind bis heute mein Hobby. In meiner Parfümerie in Italien bin ich jedenfalls eine gern gesehene Kundin, und der Besitzer freut sich immer ganz besonders, wenn ich komme.

Genuss spielt demnach in Ihrem Leben eine große Rolle.
Ich habe immer gern gut gegessen und guten Wein getrunken, aber leider vertrage ich nur noch wenig Alkohol. Sie wissen, ich habe ohnehin schon einen schwankenden Gang. Und die Lust am Essen verliert sich im Alter auch ziemlich. Früher musste ich aufpassen, dass ich nicht zu dick werde, heute habe ich kein Problem mehr, mich zu disziplinieren. Der Appetit lässt nach, und Essen ist schließlich auch etwas Gemeinschaftliches, nicht wahr.

Kochen Sie denn für sich?
Das macht mir wenig Spaß. Entweder lasse ich mir etwas bringen, oder eine Freundin bereitet uns etwas zu. Früher, solange mein Mann lebte, habe ich gern gekocht. Zum Essen gehört meines Erachtens Unterhaltung.

Sie haben in Ihrem Leben viele spannende Leute getroffen. Gibt es jemanden, den Sie gern kennengelernt hätten?
Ich lese auch gern über Menschen, die mir interessant zu sein scheinen, aber dass ich jetzt so konkret jemand nennen könnte? Nein, es fällt mir niemand ein. Picasso vielleicht. Wenn sich die Gelegenheit ergeben hätte, wäre ich sicher mal zu ihm gegangen. Und innerhalb der Psychoanalyse gab es viele, mit denen ich gern zusammen war. Freud hätte ich gern getroffen, allerdings wäre das auch schwierig geworden, weil ich als

junge Frau sicher sehr schüchtern und voller Ehrfurcht gewesen wäre.

Und wem wären Sie lieber nicht begegnet?
Während der Nazizeit habe ich viele widerliche Typen kennengelernt – es gab schließlich auch genug davon. Wir wussten genau, welcher Professor oder welcher Kommilitone Nazi war. Die haben wir verachtet, und wenn ich manche Leute nur reden hörte, wenn ich die Zeitung las oder Radio hörte, wurde mir schlecht. Diese ganze Mentalität habe ich gehasst.

Sie sprechen oft von Hass, seltener von Angst.
Sicherlich habe ich auch viel Angst gehabt, das gehörte irgendwie zusammen. Ich wusste, dass sie einen von heute auf morgen hängen können und es keinen gibt, der einem hilft – kein Anwalt, niemand. Besonders in den Wochen, bevor meine Freunde und ich von der Gestapo verhört wurden, habe ich vor Angst nicht mehr geschlafen. Mir war absolut klar, was passiert, wenn sie uns etwas nachweisen können.

Haben Sie mal überlegt, dieses Deutschland zu verlassen?
Als der Krieg anfing, war es zu spät. Wir wären doch gar nicht mehr rausgekommen, es gab nicht die geringste Chance. Aber ich hätte auch überhaupt nicht gewusst, wohin ich gehen sollte. In den Monaten vor dem Abitur, als es so aussah, dass wir vielleicht in Deutschland nicht studieren können, planten meine Freundin Jutta und ich, nach Afrika auszuwandern. Doch das war vor allem Fantasie.

Und vor dem Krieg?

Ich hätte zurück nach Dänemark gehen können, aber ich war so verbunden mit der deutschen Sprache, mit meinen Freunden in Deutschland, die genauso gegen die Nazis waren wie ich, dass ich gar nicht auf die Idee gekommen bin. Ich hätte vor dem Krieg allerdings auch nicht gedacht, dass es so schlimm werden würde. Sie dürfen nicht vergessen, dass 1936 noch die Olympiade in Berlin war, und trotz der Nazis hatte man immer noch irgendwie das Gefühl, dass man sich frei bewegen kann. Zu dieser Zeit fuhr ich auch mal mit einer Freundin nach England, weil wir dieses »Heil Hitler!«-Getue wenigstens für ein paar Wochen los sein wollten, und als die Leute merkten, dass wir Deutsche sind, haben sie uns angesprochen und gesagt: »So einen Führer müssten wir auch haben.« Es gab damals auch außerhalb Deutschlands begeisterte Nazis. Außerdem ging das Leben, solange es irgend möglich war, weiter wie eh und je: Man aß, man trank, ging zur Schule oder Universität, hatte Freunde, verliebte sich, suchte sich einen Platz zum Schlafen, was das Leben eben so ausmacht.

Was würden Sie als Ihre Heimat bezeichnen: Deutschland oder Dänemark?

Was ist Heimat? So furchtbar viel Heimatgefühl habe ich nie gehabt. Graasten, wo ich aufgewachsen bin, war ein schöner Ort, in dem ich mich immer sehr wohlgefühlt habe. Ich mochte meine deutsche wie meine dänische Familie, besonders meinen Halbbruder Viggo, aber durch die enge Beziehung zu meiner deutschen Mutter war mir die dänische Mentalität und vor allem die dänische Sprache nie so selbstverständlich wie die deutsche. Nur mit der Nazimentalität konnte ich nichts anfangen, die fand ich ziemlich schnell abstoßend. Während der Hitler-Jahre, auch während des Krieges, bin ich oft nach Dänemark gefahren, und von 1944 bis 1947 habe ich wieder dort gelebt. Vielleicht auch, weil ich in dieser Zeit ganz bewusst stärker nach meinen väterlichen Wurzeln greifen wollte, um irgendetwas zu haben, woran ich mich halten konnte. Trotzdem: Wenn ich etwas war, dann deutsch. Das bin ich bis heute. Auch wenn meine kindliche Idealisierung von Deutschland durch die Jahre unter Hitler zerstört wurde, bin ich im Grunde eine Patriotin geblieben.

Sprechen Sie noch Dänisch?
Ja, aber ich müsste mich jetzt natürlich wieder eingewöhnen. Ich bin sehr aus der Übung. Lesen kann ich Dänisch allerdings so gut wie Deutsch.

Wie war das Leben während des Krieges für Ihre Mutter? Als Deutsche in Dänemark hatte sie es doch bestimmt nicht leicht.
Im deutsch-dänischen Grenzland meiner Kindheit spielte es eine große Rolle, ob man deutsch oder dänisch ist, aber als Hitler an die Macht kam und die Deutschen 1940 dann Dänemark überfallen und besetzt haben, war es nur noch wichtig, wie man zu den Nazis stand. Und meine Mutter war kein Nazi, absolut nicht, das wussten alle. Sie hat mit ihrer Meinung, dass es besser wäre, wenn Deutschland den Krieg verliert, nicht hinter dem Berg gehalten und wurde wohl auch öfter angezeigt. Doch der Leiter der Nazibewegung bei uns im Ort war früher einer ihrer Schüler gewesen und verehrte sie sehr. Er warf solche Anzeigen jedes Mal einfach in den Papierkorb, wie ich nach dem Krieg durch seinen Sohn erfahren habe. Ihr wurde gelegentlich gedroht, sie solle vorsichtiger

sein, ihr könne man ja in Dänemark nicht so viel tun, dafür aber ihrer Tochter in Deutschland. Das war einerseits vielleicht sogar freundlich gemeint, machte uns andererseits natürlich Angst. Zu ihrem siebzigsten Geburtstag konnte man in der Zeitung über sie lesen, dass sie eine der wenigen Deutschen gewesen sei, die sich während des Krieges Dänemark gegenüber loyal verhalten hätten. Nein, bei den Dänen hatte sie einen sehr guten Ruf, nur bei den Deutschen zeitweilig nicht mehr.

Ihr Bruder Leo war Mitglied des dänischen Widerstands und hat als juristischer Berater des Atomphysikers Niels Bohr mit dazu beigetragen, dass Bohr von Kopenhagen über Schweden nach Amerika emigrieren konnte. Hatten Sie mal den Gedanken, auch selbst aktiv zu werden?

So mutig war ich nicht. Ich wurde auch nie aufgefordert, mich an irgendetwas in dieser Art zu beteiligen, und vieles wusste ich gar nicht. Dass der Apotheker bei uns daheim Leiter der örtlichen Widerstandsbewegung war, habe ich zum Beispiel erst nach dem Krieg erfahren. Er hat es mir nie gesagt, obwohl wir uns bestens verstanden haben. Wenn ich zu ihm in die Apotheke kam, gingen wir ins Hinterzimmer und redeten sehr offen miteinander. Er wusste, wie ich denke, und vertraute sich mir trotzdem nicht an, sicher auch, um sich und mich zu schützen. Aber selbst wenn er, mein Bruder oder ein anderer mich gefragt hätte: Ich weiß nicht, ob ich den Mut gehabt hätte mitzumachen. In Dänemark wahrscheinlich, da hatte man das Volk hinter sich, aber in Deutschland?

Obwohl Sie die Nazis so gehasst haben?

Den Hass und die Empörung teilte ich mit vielen Menschen. Gleichzeitig wusste ich, dass ich leben will, dass mein Wunsch zu überleben sehr stark war. Natürlich habe ich die Geschwister Scholl bewundert, ich teilte absolut ihre Gesinnung, nur hätte ich es nicht gewagt, Flugblätter zu drucken und zu verteilen. Dazu fehlte mir wirklich der Mut. Im Freundeskreis redeten wir völlig offen, und ich gehörte zeitweilig zu einer Gruppe, die auf verschlungenen Wegen Pakete in KZs schmuggelte, um den Menschen, die am Verhungern waren, zu helfen. Doch wir haben nie an größeren Aktionen teilgenommen. Im Grunde waren wir sehr harmlose Geschöpfe.

Fällt es Ihnen schwer, »Ich war nicht mutig genug« zu sagen?

Ich habe es mir mittlerweile verziehen.

Aber es gab eine Zeit, in der Sie es nicht konnten.

Sicher, und trotzdem wusste ich immer, dass ich nicht bereit dazu war, meinen Kopf auf den Hackstock zu legen. Nein, ich war gewiss keine Heldin, weit gefehlt.

Viele Menschen fragen sich, was der Sinn des Lebens ist. Sie haben sich mit dem Thema doch sicher auch beschäftigt, oder?

Freud hat mal gesagt, dass es den Sinn des Lebens nicht gibt und krank ist, wer darüber nachdenkt. So gesehen war ich krank, denn ich habe immer darüber nachgedacht. Natürlich hat das Leben nur den Sinn, den man ihm zuschreibt. Wir sind ja lediglich winzige Teile dieses Milliardenschwarms von Menschen, und da kann es keinen universellen Sinn geben. Außerdem ist er in den verschiedenen Phasen des Lebens auch ganz unterschiedlich, er verändert sich.

Und was ist der Sinn Ihres Lebens?

Als Kind und junges Mädchen war es für mich das Wichtigste, meine Mutter glücklich zu machen. Darüber habe ich kürzlich ein kleines Buch veröffentlicht: *Autobiografie und Lebenswerk einer Psychoanalytikerin*. Heute geht es mir vor allem darum, bis an mein Lebensende meine Freundschaften zu pflegen, meine Familie zu sehen und zu verstehen. Und natürlich zu denken, zu lesen und zu schreiben, weil es mir nun mal Spaß macht, etwas zu erfahren, zu wissen, was es zu wissen gibt. Ich finde es hochinteressant und amüsant, wenn ich etwas Neues denken kann, wenn ich etwas Neues erkenne. Das sind so die Freuden meines Lebens.

Gehört dazu auch, dass Sie als Psychoanalytikerin Menschen helfen können?

Es ist ein Beruf, der mir sehr liegt. Ich habe mich schon als Kind für die menschliche Psyche interessiert, habe mich gefragt, warum jemand ist, wie er ist, und ich denke schon, dass man als Psychoanalytiker helfen kann – dem einen mehr, dem anderen weniger. Die Psychoanalyse kann vieles in einem Menschen erwecken, sodass er mit sich und anderen, mit seinen Beziehungen vorsichtiger und nachdenklicher umzugehen vermag, sein Leben besser zu verstehen und zu überblicken lernt. Insofern habe ich meinem Leben ohne Zweifel auch den Sinn gegeben, meine Begabung und mein Interesse zu meinem Beruf zu machen, meinen Patienten damit helfen zu können und bis heute durch sie immer noch dazuzulernen.

Glauben Sie, dass es wichtig ist, einen Lebenssinn für sich zu finden?

Ach Gott, wenn man das Bedürfnis danach hat. Aber in meinem Alter, mit meiner Lebenserfahrung weiß ich, dass es nun für wirklich niemanden außer mir selbst wichtig ist, ob ich einen Sinn in meiner Existenz sehe.

Was bedeutet Glück für Sie?

Ich finde, »Glück« ist ein schönes Wort. Ich wollte immer glücklich sein und war es in meinem Leben oft – allerdings oft auch sehr unglücklich.

Was macht Sie glücklich?

In der Liebe gab es viele Glücksmomente. Wenn ich Freundschaften erlebe, macht mich das glücklich, und besonders die Beziehung zu meinem Sohn und seiner Familie. Aber die haben natürlich ihr eigenes Leben, sodass es da auch oft Zeiten des Verzichts und der Trauer gibt. Darüber hinaus hat Glück für mich viel mit Landschaft zu tun. Den Blick von meinem Haus im Tessin zu genießen: Das ist jedes Mal wieder wunderschön. Auch im Lesen und Denken gibt es Glücksmomente, wenn man Erkenntnisse hat, Zusammenhänge wahrnimmt, die vorher verborgen waren, wenn man endlich etwas kapiert, was man bis dahin nicht verstanden hat, und neue Ideen auftauchen. Das nimmt im Alter eher zu als ab.

Glauben Sie, dass es ein Talent zum Glücklichsein gibt?

Sicher, und ich habe bestimmt keine mangelnde Begabung dafür. Ich bin glücklich gewesen, wo ich die Möglichkeit dazu hatte. Es mögen viele Chancen vorhanden gewesen sein, die ich nicht erkannte, aber ich habe mir nichts unnötig verdorben – hoffe ich zumindest. Es gibt ja Menschen, für die nichts gut genug ist, die sich alles selbst kaputt machen müssen.

Sie haben in unserem Gespräch gesagt, dass Sie mit dem Wort »stolz« nicht so viel anfangen können. Trotzdem möchten wir Sie gern fragen, worauf Sie stolz sind, wenn Sie auf Ihr Leben zurückschauen.

Vielleicht bin ich auf meine relative Schärfe in der Fähigkeit zur Selbstbeobachtung und Selbsteinschätzung stolz, wenn Sie an diesem Wort hängen. Dass ich so schnell nicht geneigt bin, bei Auseinandersetzungen in anderen den Schuldigen zu suchen. Und dass Alexander Mitscherlich und ich durch das Buch *Die Unfähigkeit zu trauern* dazu beigetragen haben, dass man in Deutschland kapiert hat, wie wichtig es ist, sich mit unserer Vergangenheit auseinanderzusetzen, dass aus diesem Land nur etwas werden kann, wenn wir unsere Geschichte durchdenken und sie durch dieses Nachdenken überwinden. Und so ist es ja auch geworden: Wir wissen, dass sich das, was vor 1945 in Deutschland geschehen ist, nie wiederholen darf. Das ist die Grundlage unserer Politik und aus meiner Sicht als Patriotin die einzige Möglichkeit für dieses Land, vorwärtszugehen. Das befriedigt mich sehr. Auch dass ich mich für den Feminismus eingesetzt habe, wohl wissend, dass die Kultur eines Landes davon abhängt, wie die Frauen in ihm behandelt werden. Last but not least, dass ich mich für die Rückkehr der Psychoanalyse nach Deutschland stark gemacht habe. Mithilfe Freuds und seiner Theorien, die vor allem das Unbewusste zugänglich und verstehbar gemacht haben, ist die Aufklärung über die Motive, die unserem Verhalten und unseren Handlungen zugrunde liegen, um eine wesentliche Dimension erweitert worden. Die Psychoanalyse garantiert uns, dass das Glück eines Fortschritts in der Geistigkeit dauerhaft ist.

Margarete Mitscherlich in ihrer Wohnung in Frankfurt am Main, 2006

Bildnachweis

S. 10, S. 253: Gaby Gerster Photography

S. 141: Hans Speck

S. 155: Kurt Wyss, Basel

Für das Foto auf Seite 141 gelang es nicht, den Rechteinhaber zu kontaktieren. Für das Foto auf Seite 189 konnte der Rechteinhaber leider nicht ermittelt werden. Der Verlag bittet die Rechteinhaber oder eventuelle Rechtsnachfolger, sich mit ihm in Verbindung zu setzen. Er verpflichtet sich, rechtmäßige Ansprüche nach den üblichen Honorarsätzen zu vergüten.

Alle anderen Fotos stammen aus dem Privatbesitz von Margarete Mitscherlich.